GESUNDHEIT, FITNESS & BUSINESS

Ronaldo Friedl, MSc

FUNKTIONELLES TRAINING

RONY®
SYSTEM

Gesundheit, Fitness & Business
Ronaldo Friedl, MSc
Funktionelles Training

Titel der Originalausgabe:
Saúde, Fitness & Business

© 2016 der portugiesischen Originalausgabe Ausgabe by
Ronaldo Friedl

© 2017 der deutschsprachigen Ausgabe
Herstellung und Verlag: BoD – Books on Demand, Norderstedt.
ISBN: 9783744835855

Übersetzung: Christian Schnepper
Lektoren: Ursula Bauer, Hanno Jaschke

Der Markenname „RONY SYSTEM®" ist ein eingetragener und
rechtlich geschützter Markenname.

Meinen tiefsten Dank:

Dem Schöpfer des Universums, meinen Großeltern, meinen Eltern, meinen Schwestern, meinen Töchtern, meiner Seelenverwandten, meinen Verwandten, meinen Lehrern, meinen Schülern, meinen Freunden, meinen Kollegen, meinen Kunden, meinen Unternehmen, meinem Leben und meiner Gesundheit. Danke, mein Gott, für alles!

> *„Denn wer (Dankbarkeit) hat,*
> *Dem wird gegeben und überreichlich gewährt werden;*
> *Wer aber nicht (Dankbarkeit) hat, von dem wird selbst,*
> *Was er hat, genommen werden.“*
> *(Matthäus 13,12)*

Das Hauptthema dieses Buches lautet „Das Programm personalisierten funktionellen physischen Trainings RONY SYSTEM®". Dies war das Thema meiner Masterarbeit an der Fakultät für Medizin an der „Universidad de Córdoba (UCO)" in Spanien, in deren Zusammenhang ich auch anfing, dieses literarische Werk zu schaffen.

Beendet wurde es mit meiner Abschlussarbeit beim MBA Kurs zur „Verwaltung von Firmen" mit dem Schwerpunkt auf Marketing und Verkauf. Meinen MBA absolvierte ich an den „Faculdades Metropolitanas Unidas (FMU)" („Vereinigte Metropolitane Fakultäten") in São Paulo. So wurden die Fachgebiete des personalisierten Trainings und der Verwaltung von Firmen miteinander vereint, was auf natürliche Weise ein klassisches Werk über „Führung & Coaching" hervorbrachte.

Jack Welch, Ex-Geschäftsführer einer der größten nordamerikanischen Firmen aller Zeiten, der „General Electric", wird angesehen als einer der größten Manager des 20. Jahrhunderts. Gemäß ihm *„soll jeder Führer ein Coach sein"*.

In der Vision von Jack Welch ist es nicht nur eine gute Idee, dass man in der Führung Coaching-Techniken gebraucht, sondern in Wahrheit der einzige Weg für eine Firma und ihre Mitarbeiter, auf dem sie völligen und definitiven Erfolg erzielen können.

Inhaltsübersicht

VORWORT

Ich erinnere mich an den Tag, an dem ich Ronaldo Friedl kennenlernte in einem Schwimmkurs für Anfänger beim „Gymnastik-Verein Porto Alegre" („Sociedade Ginástica Porto Alegre" – Sogipa). Als die Schüler, Kinder zwischen 5 und 9 Jahren, sich zum Beckenrand begaben, um sich dort hinzusetzen, missachtete ein kleiner, aktiver und furchtloser Junge die Anweisungen, die wir stets zu Anfang gaben, und warf sich unerwartet in die Tiefe des Schwimmbeckens.

Ich war gewöhnt an überraschende und merkwürdige Reaktionen von neuen und ungestümen Schülern. Ich ging hin, um ihn aus dem 80 cm tiefen Schwimmbecken zu fischen, bewegt von einem wahrhaft amüsierten Sinn. Während des Kurses fing ich an, ihn zu bewundern für seinen Mut, seine Fähigkeit und Koordination.

Mit diesem Ungestüm und einem hohen „genetischen Potenzial" begann Ronaldo im Alter von 11 Jahren seine sportliche Laufbahn im „Sogipa" in der Abteilung für Athletik, in der ich damals Trainer war für die unteren Ränge. So wurde in diesem Sportklub, der damals schon seinen hundertjährigen Bestand gefeiert hatte, ein Multitalent von Athlet geboren, der ausdrucksvolle Ergebnisse erzielte in verschiedenen Disziplinen.

In diesem Umfeld wurde Ronaldo auch inspiriert und begann eine solide akademische und berufliche Karriere aufzubauen. Ronaldo besuchte Studiengänge und Aufbaustudien in Brasilien und im Ausland, und bei allem blieb er sich als Athlet treu.

Mit fundierten Grundlagen und einer großen Neigung trägt er bei zu Bildung, Sport und Gesundheit. Ronaldo widmete sich der Forschung und dem

Experiment, bei denen er regelmäßig Übungen mit natürlichen Bewegungen durchführte, um so den Lesern einen wertvollen Beitrag zum „funktionellen Training" bieten zu können.

Der Autor des Buchs „Gesundheit, Fitness & Business" stellt vielfältige Trainingsalternativen vor und den Nutzen, den das „funktionelle Training" bietet. Darauf gestützt entwickelte er ein innovatives Programm, das RONY SYSTEM®.

Laut Studien ist dieses Training in der Lage, den massiven funktionellen Abbau zu minimieren und die Auswirkungen chronisch degenerativer Krankheiten zu verhindern. Neben diesen Themen bietet der Autor den Unternehmern in der Fitnessbranche auch eine Geschäftsgelegenheit, wie man sie nur selten findet.

Das Buch erörtert in einer allgemeinen Weise die Evolution des funktionellen Trainings und welche Beziehungen diese mit der regelmäßigen Ausübung physischer Übungen hat. Die Gesundheit ist das Hauptthema auf den folgenden Seiten, denn sie beeinflusst stark unsere Lebensqualität. Von den vielen Büchern, die der Autor durchgearbeitet hat, hebt er ein weiteres Thema hervor: die Verzögerung des Alterungsprozesses („Anti-Aging"), welche die Einzelnen länger mit Gesundheit und Lebensqualität leben lässt.

Alle Übungen wurden sorgfältig ausgewählt und strukturiert auf Grundlage der natürlichen Bewegungen des menschlichen Körpers, und die Ausrüstung RONY SYSTEM® wurde geplant, um diese Bewegungen noch effektiver zu machen. Die Übungen fördern Muskelketten, die von verschiedenen Muskelgruppen gebildet werden. Sie stimulieren das neuromuskuläre System in der Weise, dass die neuromuskulären Verbindungen, Stabilisatoren und Steuerungsprozesse zunehmen. Das Übungsprogramm soll ein Körperbewusstsein in Zeit und Raum erzeugen und dazu die Kraft entwickeln, die der Leib benötigt zum Gleichgewicht, zur Koordination, Widerstandskraft, Biegsamkeit und Wendigkeit.

Der Autor erklärt: kontinuierliche und regelmäßige personalisierte funktionelle Übungen erzeugen kognitive Reize, fördern das Leben und verhüten Alterskrankheiten.

Er möchte im wesentlichen dazu beitragen, dass der eigene Körper in Bewegung ausgeglichen ist und beherrscht wird, dass die Gelenke stabilisiert werden und die Qualität der Bewegungen im Alltag zunimmt.

Das literarische Werk „Gesundheit, Fitness & Business" von Lehrmeister Ronaldo Friedl bereichert nicht nur die Sportliteratur über das funktionale Training, sondern es wird auch dazu beitragen, dass der Blick der Leser erweitert wird, damit sie sehen, wie die Programme physischer Übungen mit der Gesundheit und der Altershemmung zusammenhängen.

Bleib in Bewegung! Gute Lektüre!

Prof. Dr. Elio Carravetta*

* Graduiert zum Sportlehrer an der „Universidade Federal do Rio Grande do Sul" (1975), Spezialist in Sportwissenschaften, katholische Fakultät für Medizin (1979), Masterarbeit in „Methoden und Techniken des Unterrichtens" an der „Pontifícia Universidade Católica do Rio Grande do Sul" (1989) und Doktorarbeit über „Philosophie in den Wissenschaften der Bildung" an der „Universitat Autonoma de Barcelona" (1995).

Koordiniert die physische Vorbereitung des „Sport Club Internacional" („SC Internacional") und ist tätig im Bereich der physischen Rehabilitation der Spieler des Teams erster Wahl. Studiert und erforscht die interdisziplinären Beziehungen beim Leistungsfußball. Er war bei den großen Siegen in der Geschichte dieses Clubs mit dabei: 2006 – Meister der „Copa Libertadores da América"; 2006 – Weltmeister an der FIFA-Klub-Weltmeisterschaft; 2007 – Meister der „Recopa Sul-Americana"; 2008 – Meister der Meisterschaft „Dubai Cup"; 2009 – Meister der Meisterschaft „Suruga Bank"; 2010 – Meister der „Copa Libertadores da América"; 2011 – Zweifacher Meister der „Recopa Sul-Americana".

EINLEITUNG

Das menschliche Wesen ist das fantastischste, komplexeste und wunderbarste Geschöpf im ganzen Universum, das jemals erdacht worden ist. Obwohl die Wissenschaft sich in den letzten Jahren bedeutsam weiterentwickelt hat, gibt es noch viel zu entdecken darüber, was wir sein und tun können und vor allem, wie wir diese außerordentliche Maschine namens menschlicher Leib gebrauchen können.

Die menschliche Maschine, gut geübt und ausgearbeitet, wird zu einem exzellenten Transportmittel, das seinen Eigentümer sein ganzes Leben durch seine täglichen Aufgaben hindurchträgt.

Eines der größten Probleme heutzutage ist die sogenannte Sesshaftigkeit, die ihre Ursache hat in den Erleichterungen, die das moderne Leben bietet, kombiniert mit einem beschleunigten Lebensstil bei den täglichen Routinen. Dabei ist die physische Inaktivität eine der Hauptursachen, die zu den psychologischen und physiologischen Fehlfunktionen führt, die beim menschlichen Wesen die Lebensqualität und -quantität verringern.

Durch eine richtige Wartung der physiologischen Systeme, durch die Ausübung geeigneter physischer Übungen und auch durch den Gebrauch des passenden Brennmaterials, das heißt, durch eine ausgeglichene Ernährung, wird der menschliche Leib keine Probleme bereiten im Hinblick auf seine Funktionsfähigkeit oder Gesundheit. Und zu allem wird er uns noch belohnen mit einem enormen Maß an Leistungsfähigkeit und Zufriedenheit in allem, was wir tun.

In diesem Sinne zeigt dieses Buch einen Lösungsweg auf, der dir helfen und dich ermutigen kann, dein „Transportmittel", das dich durch dieses wunderbare Leben trägt, vorbeugend und korrigierend vollkommen in Ordnung zu halten.

Ein universelles Gesetz

Wie das Universum ein System von Ursache und Wirkung ist, begünstigen auch regelmäßige physische Übungen eine Reihe von physiologischen Reaktionen und Adaptationen. Dabei ist es eine einleuchtende und nachgewiesene

Konsequenz, dass der ganze Metabolismus des Leibes vollkommen funktioniert infolge der physischen Aktivität, was sich durch Gesundheit zeigt.

Das Leben besteht aus Entscheidungen, und jede Entscheidung hat seine Konsequenzen, die gut oder schlecht sein können. Wir alle haben alltägliche Gewohnheiten, die für unser Überleben notwendig sind: Zähneputzen, baden, sich ernähren, lernen, arbeiten, sich entspannen, sich unterhalten, usw. Wenn diese täglichen Gewohnheiten nicht in der richtigen Weise ausgeübt werden, wird dies kurz-, mittel- und langfristig unangenehme Folgen mit sich bringen, die unsere Lebensqualität bestimmen werden.

Genauso hängt unsere Gesundheit und Lebensqualität ab von einer geeigneten Wartung durch physische Übungen und eine ausgeglichene Ernährung. Ohne diese notwendige Wartung wird der menschliche Leib früher oder später vielfältige Komplikationen zeigen, was bei jedem auf eine andere Weise offenkundig wird. Korrekt ausgeübte physische Übungen beugen unzähligen Gesundheitsproblemen vor und verbessern fortwährend unsere vitale Energie. Ihre Auswirkungen, die Reaktionen und Adaptationen, werden wir auf den folgenden Seiten untersuchen.

Die Psychologie des menschlichen Verhaltens

Gemäß der Psychologie des menschlichen Verhaltens bringen Gedanken Gefühle hervor, diese wiederum bringen Verhaltensweisen hervor und führen dann zu Ergebnissen. Wenn du zum Beispiel an etwas Trauriges denkst, bekommst du ein trauriges Gefühl und beginnst zu weinen. Denkst du auf der anderen Seite an etwas Erfreuliches, dann fühlst du dich froh und beginnst zu lächeln. Man hat jedoch entdeckt, dass der umgekehrte Prozess auch wahr ist, das heißt, Verhaltensweisen bringen Gefühle hervor und diese wiederum bringen Gedanken hervor, die dann zu Ergebnissen führen.

Mit schlechten Ernährungsgewohnheiten und einem sesshaften Lebensstil ist die Wahrscheinlichkeit sehr groß, dass du dich depressiv fühlst. Dein Ausdruck und deine Verhaltensweise werden depressiv, und wahrscheinlich bekommst du Probleme mit der Gesundheit. Beginnst du andererseits zu tanzen oder irgendeine physische Aktivität zu praktizieren, die du magst und die dich wohlfühlen lässt, dann fängst du tatsächlich an, dich gut zu fühlen und zu lächeln. Und sehr wahrscheinlich wirst du bei guter Gesundheit sein und eine hohe Lebensqualität haben.

William James (1842-1910), der als der Begründer der „Modernen Psychologie" gilt, studierte Philosophie an der Universität in Berlin und Medizin an der „Harvard University". Er war Professor der Psychologie, Anatomie, Philosophie und der erste Lehrmeister, der in den Vereinten Staaten einen Psychologiekurs abhielt.

Dr. James behauptete: *„Die Vögel singen nicht, weil sie glücklich sind, sie sind glücklich, weil sie singen."*

Die kognitive Entwicklung der Steuerungsprozesse

Es gibt vier Grundstadien bei der kognitiven Entwicklung der Steuerungsprozesse.

Die zwei ersten Stadien werden verarbeitet in unserem Bewusstsein, auch genannt das Zentralnervensystem (ZNS) oder „Gehirn-Rückenmark-System".

Die zwei letzten Stadien werden verarbeitet durch unser Unterbewusstsein, das auch autonomes oder vegetatives Nervensystem genannt wird.

Erstes Stadium: Wir sind unbewusst unfähig oder wir wissen nicht, wie viel wir nicht wissen.

Zweites Stadium: Wir werden bewusst unfähig oder wir werden uns bewusst, wie viel wir nicht wissen.

Drittes Stadium: Wir werden bewusst fähig oder wir lernen, was wir uns zu lernen vornehmen.

Viertes Stadium: Wir werden unbewusst fähig oder der Vorgang geschieht automatisch oder unterbewusst.

Es wird eine neue Gewohnheit geschaffen, und sobald sie geschaffen ist, besteht die große Wahrscheinlichkeit, dass diese Gewohnheit verewigt wird. Zusammenfassend gesagt sind wir alles, was wir tun, gewohnt zu tun, und alles, was wir nicht tun, sind wir gewohnt, nicht zu tun.

Die Gewohnheit

„Der beste Verkäufer der Welt"
Og Mandino (1924-1996)

Pergament Nummer 1

„Der einzige Unterschied zwischen denjenigen, die scheiterten, und denjenigen, die Erfolg erlangten, liegt in Wahrheit in ihren unterschiedlichen Gewohnheiten".

„Gute Gewohnheiten sind der Schlüssel zum Erfolg. Schlechte Gewohnheiten sind eine offene Tür zum Misserfolg. Somit ist das erste Gesetz, das ich befolgen werde und das allen anderen vorangeht: Ich werde gute Gewohnheiten annehmen und zu ihrem Sklaven werden"!

„Als Kind war ich Sklave meiner Triebe; jetzt bin ich Sklave meiner Gewohnheiten, wie alle Erwachsenen. Ich habe meinen eigenen Willen den über Jahre angehäuften Gewohnheiten ergeben, und die eben erst vollbrachten Taten meines Lebens weisen schon auf einen Weg, der meine Zukunft gefangen zu nehmen droht."

„Meine Handlungen werden vorgeschrieben vom Appetit, von der Leidenschaft, vom Vorurteil, von der Gier, Liebe, Angst, vom Umfeld und von der Gewohnheit, und der schlimmste von all diesen Tyrannen ist die Gewohnheit. Wenn ich daher Sklave der Gewohnheit sein muss, sollte ich ein Sklave guter Gewohnheiten sein. Meine schlechten Gewohnheiten sollen zerstört und neue Furchen für gute Samen gezogen werden."

KAPITEL 1

DIE EVOLUTION DES „FUNKTIONELLEN TRAININGS"

Das „Funktionelle Training" in der Antike

In den orientalischen Ländern, dem Ursprung der ältesten Kulturen der Welt, wird die physische Aktivität von Kindern, Erwachsenen und Betagten gelehrt und praktiziert. Dadurch ist sie ein entscheidender Teil der Kultur dieser Völker geworden. Bei diesen alten Zivilisationen diente die physische Aktivität unter anderem zur Vorbereitung für den Krieg, als Sport, als medizinische Therapie und als Ausbildung.

Schon in der Anfangsphase der Olympischen Spiele war es notwendig, dass die athletische Leistungsfähigkeit stets verbessert wurde und dazu spezielle Trainingsausrüstungen und -programme entwickelt wurden, damit die Ergebnisse immer wieder übertroffen werden konnten. Dieser Praxis bedienten sich auch die Gladiatoren im Mittelalter, und ganz offensichtlich begann mit diesen alten Zivilisationen die Geschichte des funktionellen physischen Trainings. Ebenso entstanden in diesem Zeitabschnitt auch die physischen Übungen zu Therapiezwecken, die zuerst angewandt wurden zur Bekämpfung von Epidemien.

Unzählige Disziplinen entwickelten sich seit Beginn der Zivilisationen. In der Antike wurden hauptsächlich folgende physische Aktivitäten praktiziert: Wettlauf, Reiten, Schwimmen und die Kampfsportarten, die gemäß den besonderen Bedürfnissen jeden Landes oder jeder Ortschaft ausgeübt wurden.

Diese Praktiken werteten die uns heute bekannten physischen Qualitäten auf wie Kraft, Flexibilität, Ausdauer, Geschwindigkeit, Gewandtheit, Geschicklichkeit und Gleichgewicht.

Das „Funktionelle Training" heute

Das funktionelle Training überdauerte Zeitalter, und es entwickelte sich weiter, wie die Zivilisationen sich weiter entwickelten. Heute hängt seine Weiterentwicklung auch ab von den Techniken und Ausrüstungen, die von der Sportindustrie zum Training geschaffen werden.

In den letzen Jahren geht das funktionelle Training immer mehr zu seinen Ursprüngen zurück, das heißt, was heute praktiziert wird, ist eine Rückkehr zu dem, was in alten Zeiten praktiziert wurde. Das funktionelle Training ist in Wahrheit nie verschwunden, doch heute kehrt es mit ganzer Kraft zurück.

Im ganzen Universum gibt es keine bessere Grundlage für das physische Konditionstraining als das funktionelle Training, und die Hauptausrüstung, die es bei allen physischen Aktivitäten in allen Zeitaltern gebrauchte, wird jetzt erneut gebührend hervorgehoben, nämlich das menschliche Wesen mit seiner wunderbaren Maschine namens menschlicher Leib.

Heutzutage wird viel gesprochen über das funktionelle Training. Das ist sehr positiv, denn gewiss ist es einer der besten Wege zur Verbesserung der Gesundheit, physischen Kondition und körperlichen Ästhetik.

Das Programm des personalisierten physischen funktionellen Trainings, das in diesem Buch vorgestellt wird, ist ein Beitrag für die moderne Gesellschaft. Es kann einen gesunden Lebensstil ermöglichen und vor allem die vielfältigen Gesundheitsprobleme, die es heute gibt, verhüten.

Das personalisierte funktionelle physische Training RONY SYSTEM®

In diesem Zusammenhang wird Ihnen, lieber Leser, liebe Leserin, eine Innovation vorgestellt werden. Anfänglich wurde sie „MPTS Master Personal Training System" genannt und später zu Ehren ihres Schöpfers in „Personalisiertes funktionelles physisches Training RONY SYSTEM®" umbenannt.

Es ist eine Lösung für die unterschiedlichsten Personengruppen: für den Sesshaften, der ein Programm physischen Konditionstrainings beginnen muss, für den Praktizierenden physischer Aktivitäten, der schon eine gute physische Kondition hat, und auch für den Fachmann aus dem Bereich der Gesundheit oder für den Unternehmer, der als Investor auf der Suche ist nach einer ausgezeichneten Gelegenheit zur Investition, nach Lukrativität und finanziellem Gewinn.

Tausende haben dieses Trainingsprogramm RONY SYSTEM® schon praktiziert, seit es ins Leben gerufen wurde, und die große Mehrheit seiner Praktizierenden haben bedeutsame Ergebnisse in ihrer Gesundheit und körperlichen Ästhetik erzielt und dadurch ihr Leben auf vielfältige Weise bereichert.

Hauptziel dieses Trainingsprogramms ist die Entwicklung der wichtigsten physischen Qualitäten, die jeder besitzt, und zwar solche wie Kraft, Flexibilität, Ausdauer, Gewandtheit, Geschicklichkeit und Gleichgewicht. Und als logische Konsequenz entwickelt sich die körperliche Ästhetik, nimmt das Gewicht ab und die Muskelmasse zu, werden Haltungen korrigiert und Muskel-Gelenk-Verletzungen rehabilitiert.

Das Programm RONY SYSTEM® wurde dafür geschaffen, dass sich das menschliche Wesen nicht nur physiologisch und ästhetisch, sondern auch ganzheitlich entwickelt.

Geschaffen wurde dieses physische Trainingsprogramm im Jahr 2005 vom Lehrmeister Ronaldo Friedl, der seine Dozentur im Bereich der Gesundheit im Jahr 1986 begann. So bezeugt er persönlich:

„Nachdem ich 30 Jahre als Sportlehrer und „Personal Trainer" vollendet hatte, davon 20 Jahre Wettkämpfe als Athlet in zehn verschiedenen Sportarten und 7 Jahre als Geschäftsführer einer Bank, entschloss ich mich im Jahr 2016, dieses Buch zu schreiben und meine Erfahrung im Bereich von „Gesundheit, Fitness & Business" zu veröffentlichen als eine Zusammenfassung meines athletischen und beruflichen Lebens."

Wie Donald Trump und Robert Kiyosaki in ihrem hervorragenden Buch „Die Gabe des Midas" kommentieren: „Wenn ich ein Buch schreibe, betrachte ich dies nicht als ein kleines Unternehmen, denn ich schätze die Bildung. Beim Schreiben eines Buchs erfährt man vor allem, dass man mit anderen etwas teilt. Viele wollen ihr Wissen nicht mit anderen teilen. Bücher können Lehrwerkzeuge sein."

Auf den folgenden Seiten wirst du diesen neuen Vorschlag und Lebensstil kennen und verstehen lernen, der zur physischen, mentalen und geistigen

Verbesserung der Gesundheit beitragen kann und damit unzähligen Gesundheitsproblemen, welche die Menschen immer mehr befallen, vorbeugen oder abhelfen kann.

KAPITEL 2

RONY SYSTEM®

Ich sehe es als ein Vorrecht an, Ihnen die Firma RONY SYSTEM® oder „System des personalisierten Trainings RONY" vorstellen zu dürfen.

Es ist wahrhaft ein innovatives Unternehmen, und dazu ist es eine exzellente Marktlösung in den Händen der Fachkräfte aus dem Bereich der Gesundheit und vor allem für die Praktizierenden von physischen Aktivitäten.

Nach Abschluss meines Studiums zum Sportlehrer und meines Aufbaustudiums zum „Personal Trainer" an der Hochschule für Sportlehrer, der „Universidade Federal do Rio Grande do Sul", fing ich an, über eine Masterarbeit nachzudenken, die wirklich von Bedeutung ist und zur Gesundheit der Menschheit beitragen und dadurch künftigen Generationen ein Vermächtnis hinterlassen kann.

Anfangs geschaffen als eine Dissertation für meine Masterarbeit, wurde es mit der Zeit zu einem Unternehmen, das sich auf verschiedene Bereiche auf dem Markt der Gesundheit anwenden lässt, indem es die Lebensqualität seiner Teilnehmer deutlich verbessert.

In diesem Kapitel werde ich zusammengefasst erörtern, was die vier Hauptbestandteile des Unternehmens RONY SYSTEM® sind.

In den darauffolgenden Kapiteln werde ich umfassend diese vier Hauptbestandteile behandeln. Dabei wird der Leser einen vollständigen Einblick erhalten in diesen neuen Vorschlag und diese neue Lösung auf dem Markt von „Gesundheit, Fitness & Business".

Die Ausrüstung des RONY SYSTEM®

Als erster Schritt bei dem Projekt musste eine Ausrüstung geschaffen werden, an der das Programm des personalisierten physischen funktionellen Trainings durchgeführt werden kann und die die größtmöglichste und abwechslungsreichste Anzahl physischer Übungen ermöglicht.

Diese Ausrüstung macht einen großen und einzigartigen Unterschied, denn der Praktizierende führt die Übungen an einer einzigen Anlage durch, indem er ihren inneren und äußeren Raum gebraucht und dadurch die Trainingsmöglichkeiten maximiert und den Raum für die Einrichtung optimiert.

Aufgrund meiner Erfahrung als Wettkampfathlet, Lehrer und personalisierter Trainer habe ich fünf Hauptanlagen vereint und kombiniert in einer Einzigen, an der die funktionellen physischen Übungen durchgeführt werden: eine Matte, einen Hochbarren, einen Niederbarren, zwei Parallelbarren und eine Sprossenwand.

Viele verschiedene Übungen wurden getestet und ausgewertet, um eine Auswahl der besten und wirksamsten funktionellen Übungen zu vereinen und dadurch die besten Ergebnisse im kürzesten Zeitraum zu gewährleisten. Dabei werden die biologische Verfassung, die Reaktionen und die natürlichen physiologischen Adaptationen bei jedem Praktizierenden berücksichtigt.

Im Jahr 2005 ging das Projekt aus der Planungsphase in den Bau des ersten Prototyps über. Dabei erhielt diese Anlage den Namen „RONY SYSTEM®".

Das Programm des RONY SYSTEM®

Nachdem der erste Prototyp geschaffen war, bestand der zweite Schritt des Projekts darin, das Programm des personalisierten funktionellen physischen Trainings zu schaffen. Erst durch dieses kann die Anlage funktionieren, es gibt ihrer Erschaffung „Leben", ähnlich wie die Software der Hardware eines Computers, digital ausgedrückt.

Dieses Programm des personalisierten funktionellen physischen Trainings wurde bezeichnet als „RONY System" oder „System des personalisierten Trainings RONY".

Das Programm RONY SYSTEM® besteht aus einer logischen Folge von Übungen, die sich auf die wissenschaftliche Theorie des physischen Trainings gründen und von den großen olympischen Meistern aller Zeiten angewandt wurden. Das Programm wird jedoch individuell auf jede Person angepasst, sei es auf den Sesshaften oder den Praktizierenden physischer Aktivitäten, den Athleten oder Nicht-Athleten und sogar auf den Träger irgendwelcher physiologischer Fehlfunktionen.

Das Programm RONY SYSTEM® erzielt schon mit seinen ersten Trainingseinheiten bedeutsame Ergebnisse, bei denen die Ausübenden schon eine Besserung ihres derzeitigen Gesundheitszustandes erleben. Dadurch werden Lebensqualität und Wohlergehen maximiert. Das Programm kann von Kindern, Heranwachsenden, Erwachsenen und alten Menschen durchgeführt werden. Und es hilft bedeutsam beim Prozess der Altershemmung, was in den folgenden Kapiteln umfassend behandelt werden wird.

Die Kliniken RONY SYSTEM®

Der dritte Schritt des Projekts bestand darin, ein Unternehmen zu schaffen, durch welches das Programm RONY SYSTEM® umgesetzt wird. Was es grundsätzlich gibt auf dem Markt von Fitness und physischem Konditionstraining sind neben den Klubs, Akademien, Turnhallen und Sporttrainingszentren unter anderem Räume, Säle und Studios persönlichen Trainings.

Es wurde also ein Unternehmen geschaffen, das nicht bloß eine personalisierte Bedienung bietet, sondern noch mehr: den Vorschlag zur Entwicklung der körperlichen Ästhetik, die Arbeit zur Korrektur der Haltung und die Rehabilitation von Muskel-Gelenk-Verletzungen. Das sind gewöhnliche Probleme, auf die fast jeder in seinem Leben trifft. Der heutige Markt bietet verschiedene Lösungen für unsere Nöte in den unterschiedlichsten Unternehmen.

Dieses neue Unternehmen wurde „Klinik persönlichen Trainings RONY SYSTEM®" genannt, ein origineller und innovativer Ansatz auf dem Markt von „Gesundheit, Fitness & Business" mit einer Ausrüstung und einem Programm personalisierten funktionellen physischen Trainings exklusiver Art.

Auf der anderen Seite ist es auch ein Unternehmen, in dem die Fachkraft aus dem Bereich der Gesundheit ihren eigenen Arbeitsraum finden kann mit niedrigen Investitionskosten und bedeutsamem finanziellem Gewinn. Dabei folgt dieses Unternehmen den Richtlinien für Bedienung und Dienstleistungen anderer Fachrichtungen wie der Rechtsanwälte, Architekten, Ingenieure, Mediziner, Zahnärzte, Psychologen, Physiotherapeuten, Ernährungswissenschaftler und anderer.

Die Franchising-Kliniken RONY SYSTEM®

Der vierte Schritt des Projekts bestand darin, dieses Unternehmen in ein „Franchising" zu verwandeln, um das Programm RONY SYSTEM® zu vervielfältigen und das Wissen mit anderen Fachkräften zu teilen.

Dieses Unternehmen erhielt den Namen „Franchising Kliniken RONY SYSTEM®", bei dem die Praktizierenden mit einer Marktlösung rechnen können, wo sie eine Lösung für ihre Bedürfnisse und Ziele finden. Dazu kann die Fachkraft aus dem Bereich der Gesundheit selbst Eigentümer sein und seine eigene kommerzielle Niederlassung besitzen mit einer Idee, die schon getestet und bewährt ist. Das Franchising-System lässt die Weiterentwicklung des eigenen Arbeitsstils zu und gibt der eigenen Persönlichkeit, Fähigkeit und Kreativität bei der Bedienung Raum.

So bietet das Unternehmen RONY SYSTEM® die Lösung für die Bedürfnisse sowohl des Praktizierenden als auch der Fachkraft aus dem Bereich der Gesundheit. Zuletzt Genannte kann Eigentümer ihrer eigenen kommerziellen Niederlassung sein mit anfangs niedrigen Investitionskosten und bedeutsamem finanziellem Gewinn, kurz-, mittel- und langfristig.

Dieser neue Vorschlag und diese neue Marktlösung wird Ihnen, lieber Leser, liebe Leserin, in diesem Buch vorgestellt werden: ein originelles und innovatives Unternehmen im Bereich von „Gesundheit, Fitness & Business".

KAPITEL 3

ALTERSHEMMUNG
(„ANTI-AGING")

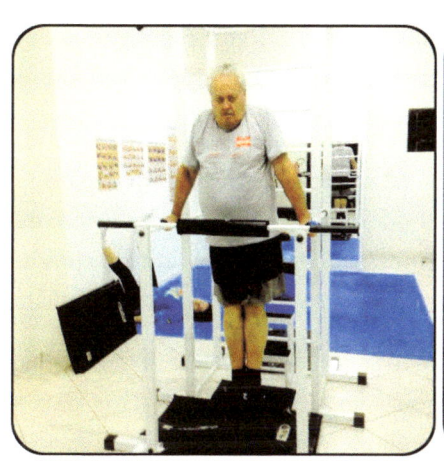

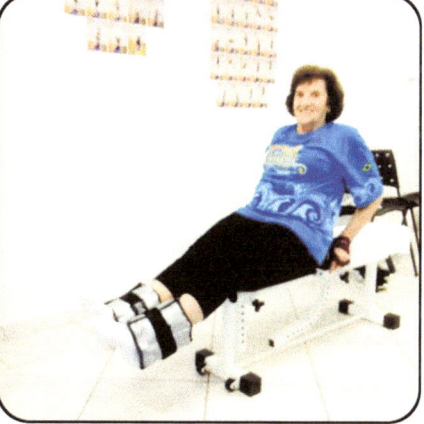

Anti-Aging

„Anti-Aging" bedeutet, „dem Altern vorbeugen oder es bekämpfen".

Gemäß der „American Academy of Anti-Aging Medicine" (Amerikanische Akademie für altershemmende Medizin) haben 90% aller Krankheiten bei Erwachsenen ihre Ursache im degenerativen Prozess des Alterns.

Das Grundprinzip der altershemmenden Medizin ist, dass sie den normalen menschlich-biologischen Alterungsprozess rauszögert, stoppt oder gar umkehrt. Ziel der altershemmenden Medizin sind Gesundheit und Langlebigkeit. Sie beruht auf der frühzeitigen Diagnostik, der Vorbeugung und Umkehr von Krankheiten, die mit dem Alter verbunden sind. Darum gilt sie als ein Spezialgebiet der Zukunft.

Der Alterungsprozess beginnt schon kurz nach der Geburt. In den ersten Lebensjahren bis zum Ende der Jugend oder bis zum Anfang der Erwachsenenphase werden jedoch noch mehr Antioxidantien als freie Radikale produziert. Dies macht es möglich, dass sich die Zellen verhältnismäßig schneller regenerieren, als zerstören. Dies geschieht jeden Tag.

Unser antioxidatives Selbstverteidigungssystem neigt jedoch dazu, dass es mit dem natürlichen Alterungsprozess handlungsunfähiger wird, da die antioxidativen Enzyme, die es produziert, im Verlauf der Jahre wirkungsloser werden.

Antioxidantien und freie Radikale

Oxidation ist eine chemische Reaktion, bei der Elektronen einer Substanz auf den Oxidationsagens übertragen werden.

Bei Oxidationsprozessen werden freie Radikale freigesetzt, und diese freien Radikale leiten Kettenreaktionen ein, welche die Zellen beschädigen oder zerstören.

Ein Antioxidans ist ein Molekül, das in der Lage ist, die Zelloxidation bei anderen Molekülen zu hemmen.

Die Antioxidantien unterbrechen diese Kettenreaktionen, indem sie die freien Radikale beseitigen und dadurch auch andere Oxidationsreaktionen hemmen.

Die Antioxidantien sind deshalb so bedeutend, weil sie in der Lage sind, die Menge freier Radikale im menschlichen Organismus zu regulieren.

Freie Radikale oder Oxidantien sind Atome oder Atomgruppen mit ungepaarten Elektronen. Sie versuchen ihr Elektron zu paaren bei den Lipiden der Zellmembranen, der DNA und Enzymen, die für den Metabolismus wichtig sind.

Die freien Radikale werden in unserem Organismus produziert von Zellen und Molekülen während des Verbrennungsprozesses durch Sauerstoff, bei dem die Nährstoffe der aufgenommenen Speise in Energie verwandelt werden.

Abwehrsystem

Das enzymatische oder endogene Abwehrsystem wird gebildet aus einem Verbund von Enzymen (Superoxiddismutoasen, Katalase und Glutathion), die auf natürliche Weise vom menschlichen Organismus produziert werden.

Das nicht-enzymatische oder exogene Abwehrsystem ist zusammengesetzt aus Gruppen von Substanzen wie Vitaminen, Mineralien und pflanzlichen Substanzen, die wir durch unsere Nahrung aufnehmen müssen, vorzugsweise von Kindheit an.

Daher ist es entscheidend wichtig, dass wir die Qualität unseres zweiten, nicht-enzymatischen oder exogenen Abwehrsystems aufrechterhalten durch Nahrungsmittel, die reich sind an Antioxidantien, und auch durch Nahrungsergänzungen in Form von Vitaminen und Mineralien.

Die Antioxidantien wirken auf zwei Weisen den freien Radikalen entgegen: erstens verhindern sie, dass freie Radikale entstehen, und zweitens reparieren sie die Schäden, die durch die freien Radikale schon verursacht worden sind.

Beim ersten Prozess werden die Kettenreaktionen schon gleich am Anfang ihrer Entstehung gehemmt, und beim zweiten Prozess werden die beschädigten Zellen regeneriert, und danach werden die Zellmembranen rekonstruiert.

Die Antioxidantien fangen auch die freien Radikale ein und verhindern dadurch, dass Moleküle wie Fette, Aminosäuren, Proteine, mehrfach ungesättigte Fettsäuren und die Grundstoffe der DNA durch sie beschädigt werden.

Kinder und Heranwachsende

Bei Kindern und Heranwachsenden trägt ein gutes Programm physischer Aktivität kombiniert mit einer Ernährung, die reich ist an Antioxidantien, bedeutend bei zur Reduktion des oxidativen Stresses oder des Ungleichgewichts zwischen der Menge an freien Radikalen und Antioxidantien. Das Programm RONY SYSTEM® ist ein ausgezeichnetes Werkzeug für diese Altersgruppe: Es gewährleistet, dass die Produktion von antioxidativen Enzymen und auch die Absorption der antioxidativen Nährstoffe, die durch die Ernährung aufgenommen werden, aufrechterhalten bleibt.

Das Wichtigste ist aber, dass das Programm RONY SYSTEM® auf gesunde Weise die Energie von Kindern und Heranwachsenden verbraucht. Dies ist ein grundlegender Aspekt von Kindheit an und für das ganze Leben. Immer mehr Kindern und Heranwachsende sind begeisterte Anhänger der Sesshaftigkeit, indem sie den größten Teil ihrer Zeit mit Fernsehprogrammen, Videospielen, Smartphones, usw. verbringen. Die Sesshaftigkeit kombiniert mit einer unausgeglichenen Ernährung führt weltweit zu einer bedeutsamen Zunahme an Fettleibigkeit unter Kindern und Heranwachsenden, was den Alterungsprozess beschleunigt und vielfältige Komplikationen in der Erwachsenenphase verursacht.

Daher ist es entscheidend wichtig, dass die Eltern, Erzieher und Fachkräfte aus dem Bereich der Gesundheit sich dessen bewusst sind und die Kinder und Heranwachsenden anleiten und ermutigen, sich gesund zu ernähren und regelmäßig physische Aktivitäten auszuüben. Dies verschafft ihnen ihr ganzes Leben lang eine optimale Lebensqualität.

Erwachsene und alte Menschen

Das Altern ist ein Prozess, bei dem bei jedem Einzelnen Umwandlungen stattfinden: Der energetische Metabolismus nimmt ab, der Aufbau des Leibes und die Knochenmineraldichte verändern sich. Die Hauptursache ist der sesshafte Lebensstil und die daraus folgende Abnahme der Muskelmasse.

Mit dem Alterungsprozess treten Veränderungen ein, unter anderem eine geringere Absorption durch den Darm und eine Veränderung im Metabolismus der Kohlehydrate und der Mikronährstoffe wie Kalzium und Eisen. Die Sesshaftigkeit verbunden mit einer Ernährung, die arm an gesunden Nährstoffen ist, kann neben den erwähnten Veränderungen zur Unterernährung führen und auch einen fortschreitenden Prozess des Verfalls der physischen und mentalen Fähigkeiten einleiten. Dies ist der Anfang chronischer Krankheiten.

Verschiedene Gründe können diesen Prozess einleiten: genetisches Erbe, Lebensstil, Abnahme der Hormonpegel, die für die Aufrechterhaltung des Metabolismus notwendig sind, und oxidativer Stress, was das Ungleichgewicht zwischen den freien Radikalen und den Antioxidantien bedeutet.

Zwischen dem 25. und 65. Lebensjahr nimmt die magere Muskelmasse oder fettfreie Masse zwischen 10 und 16% ab. Auch beginnen zufolge des Alterungsprozesses die Knochen zu schwinden und die Gesamtwassermenge des Körpers abzunehmen.

Dieser allmähliche Verlust der Muskelmasse oder der Kraft, der sich im Verlauf der Jahre einstellt, ist auch bekannt als „Sarkopenie".

Der Begriff „Sarkopenie" definiert, in welchem Ausmaß die Qualität der Skelettmuskeln abgenommen hat. Dies beeinflusst die Gesundheit bedeutsam und wirkt sich aus auf die funktionelle Fähigkeit des Laufens und das Gleichgewicht. Sie erhöht auch das Risiko, dass man fällt, was hauptsächlich durch die Osteoporose verursacht wird.

Der Verlust der Muskelmasse und der daraus folgende Verlust an Kraft sind die Hauptverantwortlichen für die Veränderungen in der funktionellen

Qualität und Fähigkeit bei Erwachsenen und alten Menschen, die sich im Alterungsprozess befinden.

Diese Tatsache hat immer mehr die Aufmerksamkeit und das Interesse der Forscher geweckt, sodass sie versuchen, die Gründe und beteiligten Mechanismen herauszufinden und Strategien zu entwickeln, um die Effekte zu reduzieren, die der Gesundheit schaden, und dieser Altersgruppe eine höhere Lebensqualität zu bieten.

Mehr als hundert degenerative Krankheiten haben ihre Ursache darin, dass die antioxidative Abwehr des Organismus abnimmt. Zu diesen Krankheiten gehören unter anderem die Katarakt (der graue Star), die Verschlechterung der Netzhaut, die Alzheimerkrankheit, die Parkinsonkrankheit und die Osteoporose.

Einer der Hauptfaktoren für den Alterungsprozess beim Menschen ist die Zelloxidation.

Das Programm RONY SYSTEM® ist ein ausgezeichnetes Instrument für die Altersgruppe der Erwachsenen und alten Menschen. Es verlangsamt den Alterungsprozess und kehrt ihn sogar um, indem es die Produktion von antioxidativen Enzymen fördert und dazu die Absorption der antioxidativen Nährstoffe, die mit der Nahrung aufgenommen werden, steigert.

Oxidativer Stress

Der Oxidative Stress ist eine der direkten Hauptursachen für die Zellalterung.

Unter „oxidativem Stress" versteht man das Verhältnis zwischen oxidativen und antioxidativen Zellen; er wird definiert als ein Ungleichgewicht zwischen Oxidantien und Antioxidantien, bei dem die Oxidantien in der Überzahl sind. Dies führt zu potenziellen Schäden.

Nachdem wir das Erwachsenenalter erreicht haben, können wir dem Verfall unseres physiologischen Systems ausgezeichnet dadurch vorbeugen, dass wir gut angeleitete physische Aktivitäten ausüben, kombiniert mit einer ausgeglichenen Ernährung und Nahrungsergänzung.

Das Programm RONY SYSTEM® trägt bedeutend dazu bei, dass die Gesundheit in allen Lebensphasen aufrechterhalten bleibt. Es verleiht dem menschlichen Wesen physiologische und psychologische Stabilität während seines ganzen Lebens. So stellt es das Gleichgewicht bei der Oxidation wieder her und unterstützt den Prozess der Altershemmung.

Das Ergebnis sind gesunde Kinder, Heranwachsende, Erwachsene und alte Menschen, die völlig imstande sind, ihre täglichen Aufgaben mit Begeisterung und Energie zu bewältigen. Dadurch werden Krankheiten, Ausgaben für Medikamente, Arztbesuche, Krankenhausaufenthalte und Abwesenheiten am Arbeitsplatz verringert. Dies trägt auch dazu bei, dass das völlig überlaufene öffentliche Gesundheitssystem (in Brasilien) entlastet wird und dass vor allem die Lebensqualität und -quantität der Menschen zunimmt.

KAPITEL 4
HORMONE

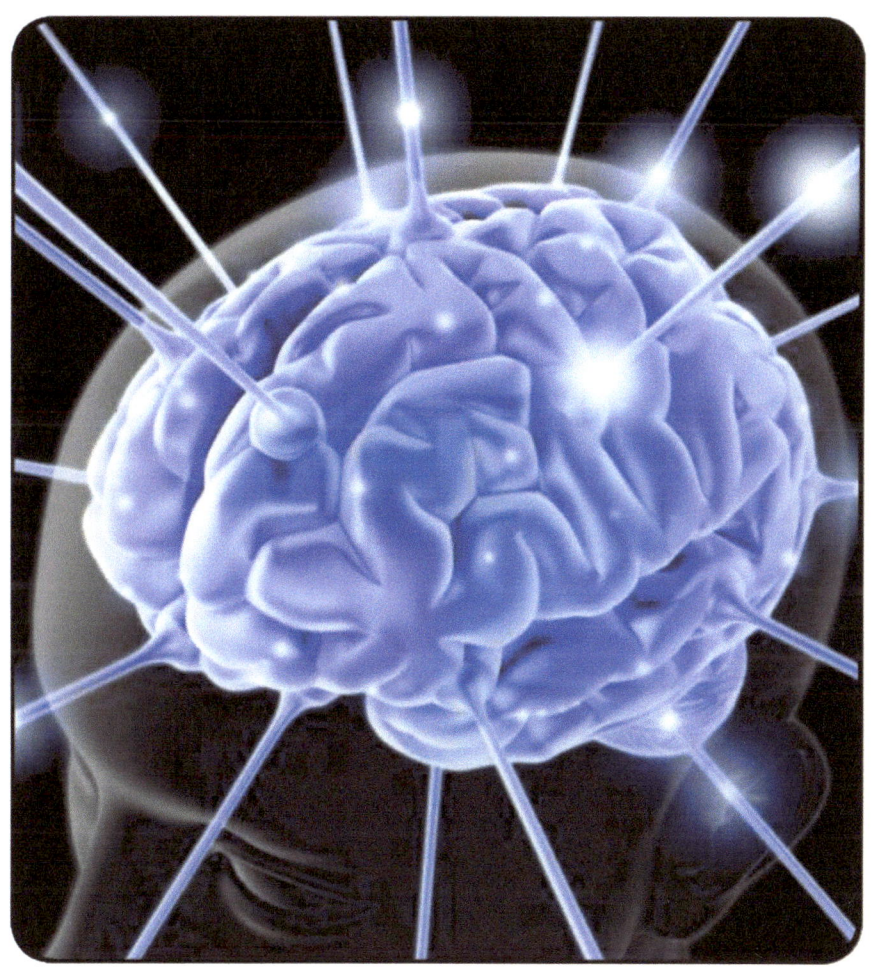

Hormone sind spezifische chemische Substanzen, die vom System endokriner Drüsen oder hochgradig spezialisierter Neuronen hergestellt werden, und sie funktionieren als Biomarker. Der Ausdruck „Hormon" kommt vom griechischen „ormao", was „hervorrufen" oder „erregen" bedeutet.

Untersuchungen können das Hormonprofil eines jeden Menschen bestimmen. Im Durchschnitt findet ab dem 30. Lebensjahr eine Abnahme des Hormonspiegels von etwa 15% pro 10 Lebensjahre statt. Nach 50 Lebensjahren beträgt der Hormonspiegel nur noch 70% von dem, was er im Alter von 30 Jahren betrug, und mit 70 Jahren nur noch 40%. Die Hormone werden in sehr kleinen Mengen in den Blutkreislauf ausgeschieden und werden direkt durch das Blut freigegeben und transportiert.

Sie haben eine regulierende Wirkung (einleitend oder hemmend) in Organen oder bestimmten Regionen des Leibes: Sie regulieren das Wachstum, die Entwicklung, die Fortpflanzung, Gewebefunktionen und den Stoffwechselprozess des Organismus. Die Hormone docken sich an die Rezeptoren an, die sich an der Oberfläche der Zellen oder in ihrem Inneren befinden. Dies gleicht einem System von „Schlüssel und Schloss", wobei das Andocken eines Hormons an einen Rezeptor die Zellfunktion beschleunigt, reduziert oder verändert.

Physische Aktivitäten verbunden mit einer korrekten Ernährung, Nahrungsergänzung und Hormonmodulation helfen nachweislich bei der Regulierung und beim Ausgleich des endokrinen Hormonsystems, indem sie mächtige Agenzien sind im Prozess der Altershemmung und für die vollkommene physiologische Funktion des Metabolismus.

Biologisch identische Hormone und Hormonmodulation

Die biologisch identischen Hormone sind Hormone, die genau die gleiche chemische und molekulare Struktur aufweisen wie die Hormone, die von unserem Organismus produziert werden. Dabei spielt die Quelle, von der sie stammen, keine Rolle, sie kann natürlich oder synthetisch sein. Aus diesem Grund wirken sie in unserem Organismus physiologischer und natürlicher.

Jedoch sollten auch die biologisch identischen Hormone so angewandt werden, dass die richtigen physiologischen Dosierungen berücksichtigt werden bei Patienten mit Hormondefiziten.

Die konventionelle Ergänzung von Hormonen hat zum Ziel, die Hormone, die kaum mehr vorhanden sind, wieder hinzuzufügen. Dazu werden also höhere Dosen von Hormonen benötigt, damit ein gravierender Mangel, der sich schon eingestellt hat, wieder rückgängig gemacht werden kann.

Die Hormonmodulation dagegen ist eine andere Behandlungsweise, die verhindern soll, dass die Hormone zur Neige gehen. Dadurch werden gravierende Mängel vermieden und das Gleichgewicht der Hormone mit kleinen Dosen auf eine physiologisch natürliche Weise wiederhergestellt.

Im Folgenden werde ich kurz über die Haupthormone sprechen, die in einer physiologisch idealen Menge vorhanden sein müssen, damit Leistung und Qualität unseres Lebens erhalten bleiben. Bei einem niedrigen Spiegel dieser Hormone wird empfohlen, dass der Betreffende eine angemessene Nahrungsergänzung oder Hormonmodulation einnimmt, die aber immer von spezialisierten Fachkräften aus dem Bereich der Gesundheit verschrieben werden sollten.

DHEA

DHEA oder „Dehydroepiandrosteron", auch bekannt als das „Jugend-Hormon", ist das am meisten vorkommende Hormon im menschlichen Körper, dessen Produktion ihren Höhepunkt erlangt im Alter von ungefähr zwanzig Jahren.

Es ist ein Steroidhormon, das hervorgeht aus dem Cholesterin, und es wird von Drüsen in der Nebennierenrinde produziert. Das DHEA dient als Grundstoff für die Produktion anderer wichtiger Hormone im menschlichen Körper. Es ist die Vorstufe des Androstendions, das wiederum die Vorstufe des Testosterons und der Östrogene Östron und Estradiol ist. Abhängig vom Geschlecht der Person wird es umgewandelt in Androgen (männliches Hormon) oder Östrogen (weibliches Hormon).

Je mehr wir jedoch altern, desto mehr nimmt der Hormonspiegel des DHEA ab. Im Alter von 40 Jahren hat der Organismus seine Produktion auf die Hälfte reduziert, und im Alter von 80 Jahren auf nur 25%.

Im Jahr 1995 wurde im „Annals of the New York Academy of Sciences" („Annalen der New Yorker Akademie der Wissenschaften") eine Arbeit veröffentlicht, die nachweist, dass Patienten mit einem erhöhten DHEA-Spiegel aufgrund von Nahrungsergänzungen Folgendes aufzeigen: eine Zunahme von Muskelmasse, eine Abnahme von Fettmasse, eine Zunahme von Muskelkraft, eine Verbesserung des Immunsystems, eine Zunahme der Energie und eine Verbesserung des Humors und der kognitiven Funktionen. Diese Studie lässt auch schlussfolgern, dass, je niedriger der DHEA-Spiegel im Organismus ist, desto größer das Risiko ist für Krankheiten, die mit dem Altern in Beziehung stehen.

Schilddrüse

Die Schilddrüse heißt auf lateinisch „Glandula Thyreoidea", was wiederum aufgrund ihres Formats von dem griechischen Wort für „Schild" abgeleitet ist. Sie ist eine der größten endokrinen Drüsen im menschlichen Organismus, und sie besteht aus zwei Lappen, die sich im Hals vor der Luftröhre befinden. Sie produziert vor allem die Hormone „Thyroxin" oder „T4" und „Trijodthyronin" oder „T3". Diese stimulieren den Stoffwechsel und beeinflussen die Funktion verschiedener physiologischer Systeme (Organe). Die Schilddrüse produziert auch das Hormon „Calcitonin", das eine wesentliche Rolle spielt in der Homöostase (oder im Gleichgewichtszustand) des Kalziums. Das „Jod" ist ein lebenswichtiger Bestandteil für das T3 und auch für das T4.

Schilddrüsenüberfunktion oder Schilddrüsenunterfunktion sind die geläufigsten Probleme, die bei dieser Drüse auftreten. Heutzutage ist ein beträchtlicher Teil der Weltbevölkerung davon betroffen.

Die Symptome der Schilddrüsenüberfunktion (Hyperthyreose) sind die übermäßige Aktivierung des Stoffwechsels, Nervosität und Gereiztheit, Schlaflosigkeit, erhöhte Herzschlagfrequenz, Intoleranz von Hitze, Hyperhidrose, Gewichtsverlust infolge des Verlusts an Muskelmasse, Zuckungen, hervorspringende Augen, Kropf und die Abnahme der Fähigkeit, ausgeglichene Entscheidungen zu treffen. Die Symptome der Schilddrüsenunterfunktion (Hypothyreose) dagegen sind Müdigkeit, Depression, Antriebslosigkeit, trockene und kalte Haut, Verstopfung, verringerter Herzschlag, Reduktion der Hirnaktivität, eine tiefere Stimme wie eine Schallplatte bei zu niedriger Umdrehungszahl, Schläfrigkeit, langsame Reflexe, Intoleranz von Kälte, Veränderungen bei der Menstruation der Frau und Veränderungen bei der Potenz und beim Geschlechtstrieb des Mannes.

Testosteron

Das Hormon Testosteron wird vor allem erzeugt infolge von Stimulierung durch das „luteinisierende Hormon" (LH), das wiederum erzeugt wird durch die „Hypophyse" (Hirnanhangdrüse), die sich an der Hirnbasis befindet. Das LH ist das Protein, das die Ausscheidung des Progesterons bei der Frau reguliert, welches die Reife der „Graaf-Follikel", den Eisprung und die Entstehung des Gelbkörpers („corpus luteum") kontrolliert. Beim Mann stimuliert das LH die „Leydig-Zellen" zur Produktion des Hormons Testosteron, welches verantwortlich ist, dass die sekundären männlichen Geschlechtsmerkmale sichtbar werden und auch sexuelle Lust entsteht.

Mit zunehmendem Alter nimmt die Produktion des Testosterons zunehmend ab. Nimmt dieses wichtige Hormon ab, nimmt damit auch das Risiko zu von Herzkrankheiten, Depression, Gedächtnisschwund, Muskelschwund, der Vermehrung des Körperfetts und der Verringerung der Libido und der Erektion beim Mann.

Obwohl das Hormon Testosteron bekannt ist als „männliches Hormon", wird es sowohl bei Männern als auch bei Frauen gefunden, auch wenn die Menge des Testosterons bei den Frauen sehr gering ist, ungefähr zwanzig bis dreißig Mal geringer als bei den Männern.

Das Testosteron spielt bei den Frauen eine entscheidend wichtige Rolle für die Libido, für die Aufspaltung der Fettreserven als Energiequelle und für das Gewinnen von Muskelmasse.

Östrogen

Die Östrogene werden produziert von den reifen Ovarialfollikeln. Die drei natürlichen Östrogene sind das Estradiol, Estriol und Estron. Der Leib scheidet das Estradiol aus durch die Ovarien, und es wird freigegeben in der ersten Phase des Menstruationszyklus.

Die Produktion dieses Hormons beginnt in der Pubertät, und es ist verantwortlich dafür, dass bei der Frau die sekundären Geschlechtsmerkmale erscheinen, und es wird weiter produziert bis zu den Wechseljahren (der Menopause). Der Mangel an Östrogen verursacht die Hitzewellen während der Wechseljahre bei annähernd 75 bis 80% aller Frauen.

Wenn es in zu geringen Mengen vorhanden ist oder seine Rezeptoren nicht richtig funktionieren, wird das weibliche Verhalten „vermännlicht". Nimmt das Östrogen ab, bewirkt dies, dass die Frau sich ängstlich, besorgt, unsicher und pessimistisch fühlt.

Jüngste Studien verbinden die Abnahme des Östrogens mit der Alzheimerkrankheit. Dabei wird das auf natürliche Weise durch unseren Organismus produzierte Östrogen als Schutz für die Neuronen betrachtet.

Andere wichtige Veränderungen, die der Östrogenmangel in der Gesundheit der Frau bewirkt, sind Reizbarkeit und Depression. Und schließlich ist das Östrogen auch verantwortlich dafür, dass das Kalzium in den Knochen fixiert wird.

Zusammenfassend gesagt sind alle Eigenschaften, die die Frau vom Mann unterscheiden, dem Östrogen zuzurechnen, und diese sekundären Eigenschaften entwickeln sich hauptsächlich deshalb, weil bestimmte Zellen in gewissen Regionen des Leibes durch das Östrogen stimuliert werden zur Proliferation (Wachstum und Vermehrung).

Progesteron

Das Progesteron, auch bekannt als das „Wohlfühlhormon", wird bei den Frauen vor allem in den Eierstöcken produziert, bei den Männern in den Hoden und bei beiden Geschlechtern in den Nebennieren (*Glandula adrenalis*).

Das Progesteron wirkt im ganzen Leib, bei den Frauen vor allem in ihren Emotionen. Psychologisch gesehen gibt es den Frauen eine entspanntere, gelassenere und gesligere Mentalität. Aus physiologischer Sicht erhöht es die Mineralknochendichte und hilft dadurch mit zur Vorbeugung von Osteoporose. Dazu ist es ein natürliches Diuretikum.

Das Progesteron ist ein Steroidhormon, und es bewirkt auch, dass die Gebärmutter zur Befruchtung und die Brustdrüsen zum Stillen vorbereitet werden. Außerdem bewirkt es, dass die Zellen in der Gebärmutterwand aktiver werden. Dadurch wird die Gebärmutterschleimhaut verstärkt und stärker durchblutet, was die Gebärmutter für die Schwangerschaft vorbereitet.

Das Progesteron ist ein sehr wichtiges Hormon, denn es wirkt in der ganzen physischen und emotionellen Stimmung der Frau. Das Gleichgewicht zwischen den Hormonen Östrogen und Progesteron ist entscheidend wichtig beim weiblichen Hormonhaushalt und daher bei der Lebensqualität der Frau.

Wachstumshormon GH

Das Wachstumshormon oder „Growth Hormone" (GH), auch Somatropin oder Somatotropin genannt, ist ein Protein und ein Peptidhormon, das von der vorderen Hirnanhangsdrüse synthetisiert und ausgeschieden wird. Es stimuliert das Wachstum und die Reproduktion der Zellen. Wissenschaftliche Untersuchungen haben belegt, dass das GH einige wichtige Aspekte beim Alterungsprozess umkehren kann. Niedrige GH-Werte bei Erwachsenen stehen in Beziehung zum Verlust an Lebensqualität und zu wachsender Müdigkeit, zu niedrigem Selbstwertgefühl, Depression, Zunahme an Körperfett, Osteopenie (Minderung der Knochendichte) und zur abnehmenden Ausdauer bei physischen Aktivitäten.

Die Wachstumshormone wirken in den Geweben des Organismus allgemein wie Anabolika. Genauso wie die Proteine anderer Hormone wirkt auch das GH durch die Wechselwirkung mit einem spezifischen Rezeptor, der sich an der Zelloberfläche befindet. Das GH fördert auch die Fettverbrennung, indem es eingelagertes Fett in den Blutkreislauf befördert, damit es als Energie verbraucht wird. Zufolge dieses „fettmobilisierenden" Effektes bewirkt das GH, dass weniger Glykose und Proteine als Brennstoff gebraucht werden. Ein angemessener GH-Spiegel schützt davor, dass die fettfreie Körpermasse verloren geht, und bewirkt, dass das Fettgewebe reduziert wird.

Vieles weist darauf hin, dass das Wachstumshormon (GH) als ein wichtiges Agens des Stoffwechsels (Metabolismus) und zur Rekonstruktion des Gewebes und der Zellen angesehen werden kann.

Melatonin

Das Melatonin ist ein Hormon, das produziert wird in der Zirbeldrüse, die die Größe einer Erbse hat und sich im Zentrum des Gehirns befindet. Die Ausscheidung von Melatonin findet überwiegend während der Nacht statt als Reaktion auf die Dunkelheit. Mitten in der Nacht erreicht es seinen höchsten Pegel, und gegen Morgen wird seine Ausscheidung wieder verringert.

Die Synthese des Melatonins und sein Absondern in den Blutkreislauf werden verhindert durch das Licht. Deshalb wird es auch das „Ein-Tages-Hormon" genannt. Seine Hauptfunktion besteht darin, dass es den Schlaf reguliert als eine Art biologisches Signal, das den Anbruch der Nacht verkündet. Dadurch ermöglicht es dem Organismus, seine Funktion zwischen Tag und Nacht aufeinander abzustimmen.

Ab etwa dem zwanzigsten Lebensjahr nimmt das Melatonin zwischen 10 und 15% pro zehn Lebensjahre ab. Mit seinem Mangel nimmt im Verlauf der Jahre die Wahrscheinlichkeit von Schlaflosigkeit zu. Neuste Entdeckungen über das Melatonin haben andere wichtige Funktionen nachgewiesen neben der Regulierung des Schlafs. Sie zeigen, dass das Melatonin ein mächtiges

Antioxidans ist, das vor Hirntumoren schützt. Dies ist ein entscheidend wichtiger Aspekt im Prozess der Altershemmung (Anti-Aging).

Das Melatonin reguliert und kontrolliert unsere biologische Uhr, es stimuliert das Immunsystem und schützt das zentrale Nervensystem. Bei Studien „im Reagenzglas" zeigte das Melatonin eine Aktivität, bei der sieben verschiedene menschliche Zellarten, die als krebserregend gelten, keine Veränderung erlitten, einschließlich der Brust- und Prostatazellen.

Cortisol

Das Cortisol ist ein Hormon der Corticosteroide, das in den Drüsen der Nebennierenrinde produziert wird. Es ist bedeutsam beteiligt an der Fähigkeit, auf Stress zu reagieren.

Dieses Hormon ist entscheidend wichtig für die Lebensqualität. Sein Mangel verursacht Symptome wie Müdigkeit, Depression, Entzündungen und hoher oder niedriger Blutdruck.

Ist es in angemessener Menge im Blut vorhanden, nimmt die Energie zu, da es bewirkt, dass die Glykose im Blut leichter verwertet werden kann. Es ist auch verantwortlich dafür, dass der Blutdruck aufrechterhalten bleibt und Entzündungen gehemmt werden.

Aufgrund seiner regulierenden Eigenschaft im Sympathikus (sympathischen Nervensystem), liegen andere wichtige Funktionen des Cortisol im mentalen Bereich: Die Widerstandskraft in Stresssituationen nimmt zu, die Arbeitsfähigkeit wird verbessert und das Adrenalin wird kontrolliert und freigesetzt.

Die Konzentration von Cortisol im Blut soll am Morgen am größten sein und langsam im Verlauf des Tages abnehmen.

Im umgekehrten Fall, das heißt, wenn die Cortisolkonzentration am Morgen niedrig ist und bis zur Abendzeit zunimmt, nimmt auch der Stresspegel zu.

Adrenalin

Das Adrenalin, auch „Epinephrin" genannt, ist ein Hormon, das auf den Sympathikus und als Neurotransmitter wirkt. Es geht hervor aus der Modifikation einer aromatischen Aminosäure, dem Tyrosin, das ausgeschieden wird von den Drüsen der Nebennieren, die so genannt werden, weil sie sich über den Nieren befinden.

Das Wort "Adrenalin" wurde geschaffen von dem japanischen Wissenschaftler Jokichi Takamine, der es als Erster schaffte, dieses Hormon zu isolieren. Da sich die Drüsen, die das Adrenalin ausscheiden, über den Nieren befinden, bildete er das Wort „Adrenalin" aus dem Lateinischen, nämlich aus dem Präfix "ad", „auf", der auf Nähe hinweist, dem Wort "renalis", das „Nieren" bedeutet, und dem Suffix "ina", der sich auf die chemischen Substanzen namens Amide bezieht.

In Augenblicken intensiven physischen Trainings, bei Stress oder Gefahr, sondern die Nebennierendrüsen große Mengen dieses Hormons aus, das den Organismus für große physische Anstrengungen vorbereitet. Sobald irgendwelche Umweltbedingungen physisch oder psychisch die physische Unversehrtheit des Leibes bedrohen, wie zum Beispiel Angst, wird Adrenalin in den Blutkreislauf freigegeben. Dieses erhöht dann die Herzschlagfrequenz und die Blutmenge pro Herzschlag. Es erhöht auch den Blutzuckerspiegel oder die Hyperglykämie und zur gleichen Zeit minimiert es den Blutfluss in den Gefäßen und im Verdauungssystem, während es den Blutfluss zu den Bewegungsmuskeln in Beinen und Armen erhöht; außerdem bewirkt es, das so viele fettreiche Zellen wie möglich als Brennstoff gebraucht werden.

Pregnenolon

Von den Hormonen, die als Neurotransmitter wirken, ist das Pregnenolon das wichtigste Hormon im menschlichen Körper, denn gemäß seiner Physiologie und Biochemie ist dieses Hormon entscheidend für die Bildung anderer Hormone, die für das Leben eines Erwachsenen lebenswichtig sind.

Das Pregnenolon ist verantwortlich für die Bildung des Estradiols, Progesterons, DHEA und Testosterons.

Das Pregnenolon ist auch reichlich vorhanden in den Mitochondrien, in den Nervenzellen und in der Nebennierendrüse.

Wie bei den meisten anabolen Hormonen oder Hormonen zum Gewebeaufbau, nimmt auch die Konzentration des Pregnenolons nach durchschnittlich dreißig Lebensjahren ab.

Studien weisen darauf hin, dass dieses Hormon, das beim Gedächtnisprozess hilft, ein mächtiger Neurotransmitter ist, und dass es zur Stimulierung der Neurogenese mitwirkt, das heißt, der Fähigkeit des Gehirns, neue Neuronen zu bilden.

Dieses Hormon ist sehr wichtig für unser zentrales Nervensystem, denn es erhöht unsere Widerstandskraft bei Stress und unsere physische und mentale Fähigkeit. Außerdem erhöht es die Übertragungsgeschwindigkeit der Nervenimpulse. Dadurch begünstigt es auch, dass die neuronale Interkonnektivität zunimmt und Schmerzempfindlichkeit und Entzündungen abnehmen.

KAPITEL 5

NAHRUNGSERGÄNZUNG

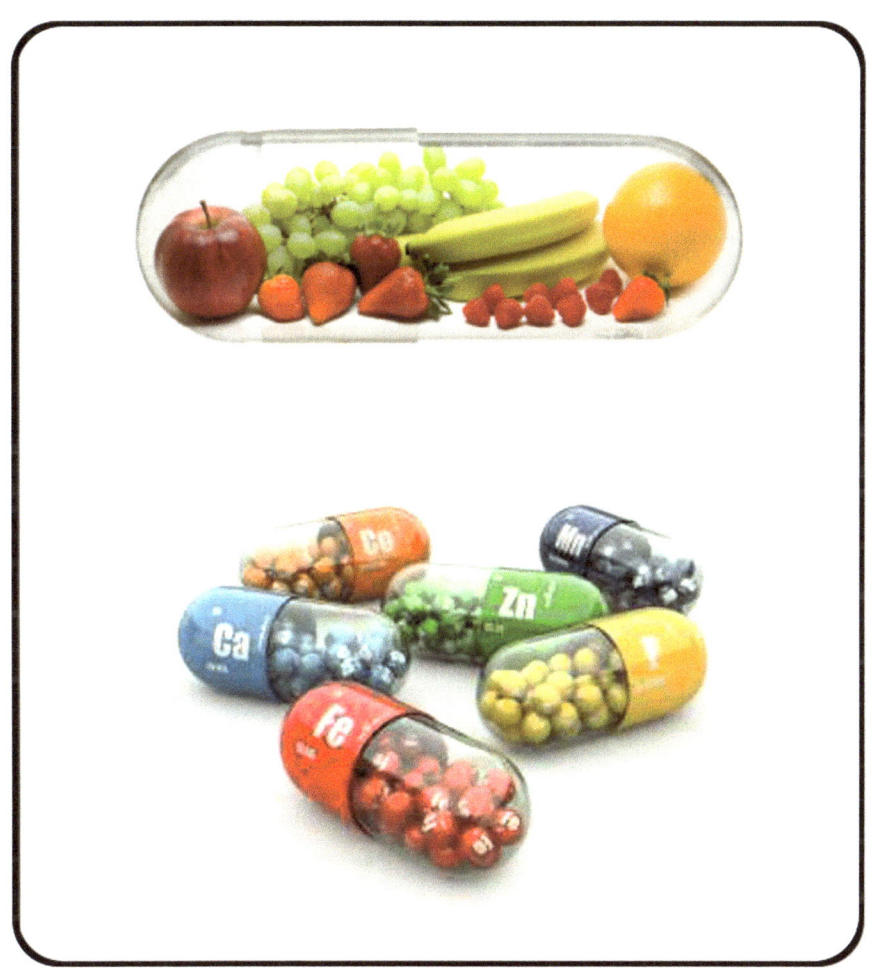

Nahrungsergänzungen

Wir erleben eine neue Realität, das Zeitalter der Nahrungsergänzung. Unsere heutigen Nahrungsmittel sind reich an Hormonen und Pestiziden, und sie werden immer ärmer an essenziellen Nährstoffen. Der ausgelaugte Erdboden bringt nicht mehr alle Mineralien hervor, die für eine richtige Funktion unseres Organismus nötig sind. In den letzten 30 Jahren hat die Konzentration an Nährstoffen in Früchten und Pflanzen um die 50% abgenommen.

Nahrungsergänzungen bestehen meistens aus Vitaminen, Mineralien, Proteinen und Aminosäuren. Sie sind wichtig für Menschen, die Mängel an gewissen Nährstoffen haben, aber auch für den sportlich Aktiven. So ist er leistungsfähiger oder er führt die Nährstoffe, die er während des Sports verliert, wieder zu. Bei unserem heutigen Lebensrhythmus verlieren wir viele Nährstoffe durch Stress, mangelnde Zeit, uns gesunde Speisen zu bereiten oder sogar durch den übertriebenen Konsum von industrialisierten Produkten.

Daher sind täglich Nahrungsergänzungen notwendig, vorzugsweise auf Verschreibung von Ärzten, die sich auf Ernährung spezialisiert haben, oder von Ernährungswissenschaftlern. Es ist nicht empfehlenswert, Nahrungsergänzungen einzunehmen ohne eine professionelle Anleitung. Außerdem ersetzen Nahrungsergänzungen nicht die Nahrung. In Wahrheit vervollständigen sie die Nahrung, und ein optimales Ergebnis erzielen sie, wenn sie verbunden sind mit gesunden Ernährungsgewohnheiten und physischen Übungen.

Hyperkalorische Ergänzungen sind Ergänzungen, die einen hohen Energiewert besitzen. Sie setzen sich zusammen aus Kohlehydraten und essenziellen Aminosäuren, das heißt, aus Aminosäuren, die wir nicht in unserem Organismus produzieren können.

Ergänzungen, die reich an Proteinen oder Aminosäuren sind, setzen sich zusammen aus Aminosäuren, die essenziell sind für unseren Organismus und die an der Bildung des Muskelgewebes beteiligt sind.

Ergänzungen zur Fettverbrennung helfen, den Metabolismus zu beschleunigen, und sie tragen dazu bei, dass man Gewicht und Körperfett verliert.

Antioxidante Ergänzungen sind reich an antioxidanten Nährstoffen; dadurch helfen sie, den Oxidationsprozess im Gleichgewicht zu halten und die im Organismus zu vielen freien Radikale zu beseitigen.

Multivitamin-Ergänzungen und Mineral-Ergänzungen sind empfohlen für alle Menschen, die Vitamine und Mineralien in ihrem Alltag ergänzen müssen, angefangen bei den Kindern bis zu den älteren Menschen.

Substanzen wie hormonelle Ergänzungen stimulieren die Produktion von Hormonen, und als Folge davon kurbeln sie den Metabolismus an und heben den Hormonspiegel.

In allen Fällen ist eine medizinische und ernährungswissenschaftliche Beurteilung notwendig, bei der analysiert wird, was das jeweilige Bedürfnis und die korrekte Dosierung ist bei der Einnahme von Nahrungsergänzungen.

Epigenetik

Die Ergebnisse des Humangenomprojekts wurden 2003 veröffentlicht. Man hatte erwartet, dass das Humangenom aus mindestens hundertzwanzigtausend Genen zusammengesetzt ist. Zur Überraschung aller entdeckte man, dass das menschliche Genom nur um die fünfundzwanzigtausend Gene enthält.

Daraus folgerte man, dass nicht die DNA die Genetik kontrolliert, sondern die „Epigenetik", bzw. die nicht-genetischen Veränderungen, die weit über die Genetik hinausgehen und die direkt beeinflusst werden von unserer Ernährung, unserem Lebensstil, unserem Lebensumfeld und davon, wie wir uns um unseren menschlichen Leib kümmern.

Die Epigenetik ist definiert als Abwandlungen des Genoms, die von den nahestehenden Generationen geerbt worden sind, aber die Reihenfolge der DNA nicht verändern.

Jahrelang dachte man, die Gene allein seien verantwortlich dafür, dass die biologischen Eigenschaften von einer Generation zur anderen übertragen werden. Heute ist man jedoch anderer Ansicht, und die Wissenschaftler wissen, dass diese nicht-genetischen Veränderungen (oder Epigenetik), die ein Organismus zeitlebens erwirbt, häufig an seine Nachkommen weitervererbt werden können.

Das epigenetische Erbe hängt ab von kleinen chemischen Veränderungen in der DNA und in den Proteinen, welche die DNA umschließen. Eine starke wissenschaftliche Evidenz zeigt, dass Lebensgewohnheiten und das Umfeld, in das ein Mensch eingefügt ist, die Funktionsweise seiner Gene verändern können.

Lebensqualität

Die Weltgesundheitsorganisation (WHO) definiert „Lebensqualität" als „die subjektive Wahrnehmung einer Person von ihrer Stellung im Leben in Beziehung zu der Kultur und den Wertsystemen, in denen sie lebt, und in Bezug auf ihre Ziele, Erwartungen, Standards und Anliegen."

Dies ist eine umfassende Anschauung, die in direkter Beziehung steht mit der physischen Gesundheit, mit der psychologischen Verfassung, mit dem Grad an Unabhängigkeit, mit den sozialen Beziehungen, mit dem Glauben und mit seiner Beziehung zu seinem Umfeld.

Im Bereich der physischen Gesundheit und der Lebensqualität der Einzelnen hat diese Ansicht eine direkte Beziehung mit der funktionellen Fähigkeit der Unabhängigkeit bei den alltäglichen Routinen.

Wie eine elektrische Lampe, die bis zu ihren letzten Sekunden, bevor sie durchbrennt, in ihrer ganzen Fülle leuchtet, so sollte auch das menschliche Wesen sein Leben in voller Größe ausleben bis zu seinen letzten Augenblicken. Dadurch erfüllt es seinen Lebenszweck in seinem individuellen und kollektiven Lebenskontext.

Das Programm RONY SYSTEM® stimuliert die Entwicklung des Zentralen Nervensystems (ZNS), was beim menschlichen Wesen die neurophysiologische Fähigkeit fördert. Diese wiederum beeinflusst nicht nur die funktionelle Fähigkeit, sondern auch direkt das Maß an kognitiver und beweglicher Unabhängigkeit.

Die Aktivitäten des täglichen Lebens

Die Weltgesundheitsorganisation (WHO) definiert die menschliche Unfähigkeit als „die Schwierigkeit, aufgrund einer Behinderung die alltäglichen und in der Gesellschaft erwünschten Aktivitäten nicht durchführen zu können".

Diese Aktivitäten umfassen auch solche Aktivitäten, die als grundlegend angesehen werden: Sich ernähren, duschen, sich bekleiden, vom Bett oder vom Stuhl aufstehen oder den Stuhlgang und das Urinieren kontrollieren. Diese werden die „Aktivitäten des täglichen Lebens" (ATLs) genannt.

Neben den ATLs gibt es auch die Interaktionen, die helfen, ein Netz von Kontakten und zwischenmenschlichen Beziehungen einzurichten. Diese werden als die „instrumentellen Aktivitäten des täglichen Lebens" (IADL) angesehen, und sie umfassen die Fähigkeit des Einzelnen, sein Lebensumfeld zu verwalten.

Zu den IADL zählen der Gebrauch des Telefons und der Transportmittel, das Treppensteigen, Einkaufen, Speise zubereiten, das Haus aufräumen oder reinigen, Wäsche waschen oder bügeln, Medikamente einnehmen, Rechnungen bezahlen, Schecks ausstellen, usw.

Das Programm RONY SYSTEM® kann ein Instrument sein, das beim Einzelnen das vorzeitige Altern verhütet und einen idealen physiologischen Zustand aufrechterhält und in allen Altersgruppen hilft im Prozess der Altershemmung (Anti-Aging), insbesondere bei der älteren Bevölkerung. Dadurch verbessert es die physische Kondition und die Denkfähigkeit.

KAPITEL 6

MEDITATION

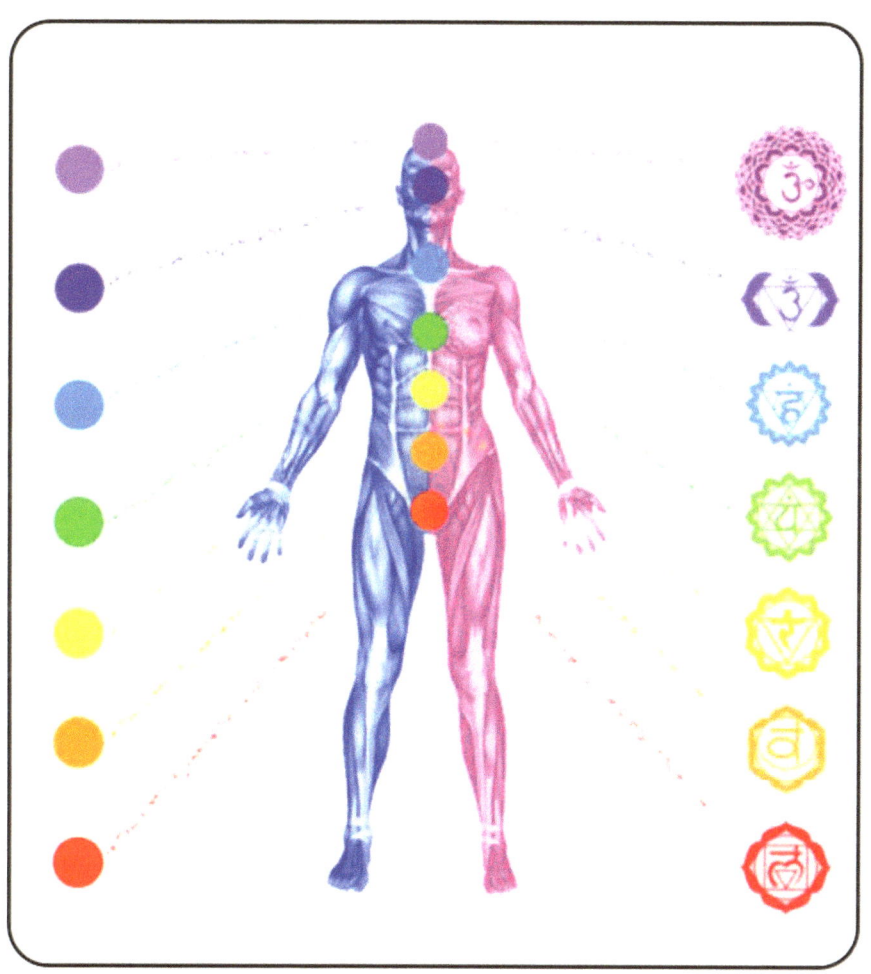

Dank des technologischen Fortschritts entwickelt sich die Wissenschaft immer weiter. Dadurch findet sie Antworten auf unzählige Fragen, die mit der Gesundheit zu tun haben. Auf der anderen Seite beweisen wissenschaftliche Nachforschungen, dass die Meditäon eine mächtige Übung zur Altershemmung ist. Sie kann Jahre an physiologischem Alter und Krankheiten, die mit dem Altern verbunden sind, beseitigen.

Dan Buettner, der Autor von „Blue Zones" („Blaue Zonen") und weltweiter Forscher für größere Langlebigkeit, schlägt vor, dass kleine Änderungen im Lebensstil dem größten Teil der Weltbevölkerung mehr als zehn Lebensjahre hinzufügen könnten. Er kommentiert, dass Stress reduzierende Mechanismen wie Gebet und Meditation sehr bedeutungsvoll sind für eine größere Langlebigkeit. Außerdem sind sie auf lange Sicht ein wichtiger Faktor in der Gesundheit und im Prozess der Altershemmung.

Dr. Robert Keith Wallace war einer der ersten Wissenschaftler, der die Auswirkungen von Meditation auf den Alterungsprozess untersuchte. 1982 veröffentlichte er seine Befunde in der „International Journal of Neuroscience" („Internationale Zeitschrift für Neurowissenschaft"). Seine Forschungen gründeten sich auf die Ausübung der „transzendentalen Meditation", die Maharishi Mahesh Yogi in den 1950'er Jahren in Indien ins Leben rief. Er entdeckte bei Personen mit einem mittleren chronologischen Alter von fünfzig Jahren, die mehr als fünf Jahre transzendentale Meditation praktizieren, dass sie dem biologischen Alter nach zwölf Jahre jünger aussehen als ihr chronologisches Alter und als diejenigen, die nicht meditieren. Dies bedeutet, dass eine Person mit einem chronologischen Alter von 52 Jahren, in Wahrheit ein physiologisches Alter von 40 Jahren hat.

Chakren

Chakren sind gemäß der Philosophie des Yoga energetische Zentren im menschlichen Leib, die durch Kanäle (Nadis) die Lebensenergie (Prana) verteilen und die Organe und Systeme nähren. Das Wort „Chakra" kommt aus dem Sanskrit und bedeutet Rad, Scheibe, Zentrum oder „Plexus" (lateinisches

Wort für „Geflecht"). So werden sie von den Hellsichtigen wahrgenommen, nämlich als ein Wirbel vitaler Energie, Spiralen, die sich mit hoher Geschwindigkeit drehen und an lebenswichtigen Punkten unseres Leibes vibrieren. Die Chakren sind Schnittpunkte zwischen verschiedenen Plänen, und durch diese Schnittpunkte zeigt sich unser Ätherleib (geistiger Leib) intensiver in unserem physischen Leib. Die Veden sind die ältesten überlieferten Texte (5000 v.Chr.), und sie enthalten die ältesten uns bekannten indischen Niederschriften über die Chakren.

Es gibt sieben Hauptchakren, und jedes Chakra entspricht einer der sieben Hauptdrüsen des menschlichen Leibes. Jedes einzelne Chakra ist eng verbunden mit bestimmten physischen, mentalen, geistigen und vitalen Funktionen. Der Reihenfolge nach von oben bis unten heißen sie:

1. Sahasrara oder Kronenshakra (über dem Scheitel)
2. Ajna oder Stirnchakra (drittes Auge, zwischen den Augenbrauen)
3. Anahata oder Kehlkopfchakra (im Hals)
4. Vissudha oder Herzchakra (im Herzen)
5. Manipura oder Solarplexuschakra (über dem Bauchnabel)
6. Svadhisthana oder Sakralshakra (unter dem Bauchnabel)
7. Muladhara oder Basisshakra (auf der Basis der Hüfte).

In einem gesunden Leib drehen sich diese Wirbel mit großer Geschwindigkeit. Dadurch bewirken sie, dass der „Prana" durch das endokrine System nach oben fließt. Wenn jedoch eines dieser Zentren beginnt, seine Rotationsgeschwindigkeit zu verringern, wird der Strom vitaler Energie gehemmt oder gar blockiert, was dazu führt, dass die Gesundheit beim Einzelnen abnimmt.

Die Chakren sind unter sich verbunden durch eine Art Haupt-Äther-Röhre (Nadi) namens „Sushumna", die entlang der zentralen Achse des menschlichen Körpers (Rückenmark) verläuft. Von ihr entspringen beidseitig zwei andere Kanäle, die „Ida" (sympathisches Nervensystem), die an der Basis des Rückgrats links von der Sushumna hervorgeht, und die „Pingala" (parasympathisches Nervensystem), die an der Basis des Rückgrats nach rechts hervorgeht. Wenn die Nadis „Sushumna, Ida und Pingala" geübt werden, leiten und regulieren sie den „Prana" (die Energien Yin und Yang) in aufsteigenden konzentrischen Spiralen und wecken dadurch bei den geistlich Entwickelten charakteristische Qualitäten.

Unser physischer Leib ist zart verbunden mit der Astralwelt. Ist diese vitale Energie im Ungleichgewicht, wird der Alterungsprozess beschleunigt, was Krankheiten und emotionale Krisen auslöst. Häufig sieht man Menschen, die negative Energien, Depression, Wut und Einsamkeit „ansammeln" und in physische Krankheiten wie Krebs und verschiedene andere verwandeln. Sind die Chakren aktiviert, dann lassen sie die vitale Energie fließen. Dies bringt uns Freude und vor allem Gesundheit.

Die Meditation ist eine Übung, welche die Chakren aufwecken, aktivieren und zur vollen Funktion bringen soll. Das Sitzen im Lotussitz ist eine Art von Übung, bei der man die Beine kreuzt, den Rumpf aufrecht hält, die Atmung kontrolliert und sich auf die Chakren konzentriert.

Geistiger Nutzen der Meditation

Dr. Bernhard Siegel, Professor der medizinischen Fakultät an der „Yale University", Autor des Buchs „Liebe, Medizin und Wunder" kommentiert: „Wissenschaftliche Untersuchungen anderer Doktoren und meine eigene Alltagserfahrung in der Klinik haben mich überzeugt, dass die mentale Stimmung den Leib dadurch verändert, dass sie durch das zentrale Nervensystem, das endokrine System und das Immunsystem auf ihn einwirkt. Mentaler Frieden sendet an den Leib eine Botschaft des Lebens, wogegen Depression, Angst und Konflikte, die nicht gelöst worden sind, eine Todesbotschaft senden".

Der geistige Nutzen der Meditation wird immer besser dokumentiert von orientalischen Forschern und Ärzten, sagt Herr Dr. Siegel: „Die Meditation erhöht auch die Schmerzgrenzen und reduziert das biologische Alter des Menschen, indem sie Schäden in dessen Leib und Verstand verringert und ihn länger und besser leben lässt."

Dr. Deepak Chopra, indischer Arzt mit Wurzeln in den USA, abgeschlossenem Medizinstudium an der Universität von Neu Delhi, Professor und Autor von „Ayurveda, Geistigkeit und die Körper-Geist-Medizin", sagt: *„Die meisten Menschen denken, dass das Altern irreversibel sei. Jetzt wissen wir aber, dass es im menschlichen Leib Mechanismen gibt, die eine Umkehr des Alterungsprozesses erlauben, indem sie Körpergifte entfernen durch eine richtige Ernährung und Nahrungsergänzung, durch physische Übungen, Atemtechniken und insbesondere durch die Meditation. "*

Physiologischer Nutzen der Meditation

Dr. Vincet Giampapa, Direktor des „Internationalen Instituts für Langlebigkeit" und Ex-Präsident des „American Council of Anti-Aging Medicine", hat einen bedeutenden Beitrag geleistet mit seinen wissenschaftlichen Untersuchungen zur Altershemmung (Anti-Aging).

In seinen jahrelangen Studien an unzähligen Menschen gebrauchte er eine Audiotechnologie, die speziell auf die Tiefenmeditation ausgerichtet war. Durch diese Studien zeigt er:

* Das Cortisol nimmt durchschnittlich um 46% ab mit einer Verbesserung bei mehr als 68% der Bevölkerung.

* Mehr als 68% zeigen einen Anstieg des DHEA-Spiegels mit einer Verbesserung bei mehr als 43% der Bevölkerung.

* Die Melatoninspiegel stiegen durchschnittlich um 97% mit einer Verbesserung bei mehr als 73% der Bevölkerung.

Die Meditation bringt nicht nur psychologischen, physiologischen und geistigen Nutzen, sondern derjenige, der sie ausübt, kann durch sie auch seine Fähigkeit deutlich verbessern, am Punkt zu bleiben und sich zu konzentrieren, was in der Geschäftswelt unerlässliche und grundlegende Eigenschaften sind für Erfolg.

KAPITEL 7

ABNEHMEN

Abnehmen bedeutet eine Reduzierung des Körpergewichts infolge des Verlusts von adipöser Masse oder Fettmasse. Fettleibigkeit wird von der Weltgesundheitsorganisation (WHO) als Krankheit angesehen, und die Hauptgründe dafür, dass diese zu einer weitverbreiteten Epidemie geworden ist, liegen gewiss an fehlender physischer Aktivität verbunden mit einer schlechten Ernährung. Fettleibigkeit bedeutet ein hoher Anteil an Körperfett, im Allgemeinen über 25% der Gesamtkörpermasse bei den Männern und über 32% bei den Frauen.

Jüngste wissenschaftliche Untersuchungen haben durch Experimente gezeigt, dass das funktionelle Training sehr bei der Kontrolle des Körperfettgehalts hilft und dass es heute weltweit am meisten praktiziert wird in den Einrichtungen für physische Aktivitäten.

Bevölkerungen wünschen sich immer mehr eine bessere Lebensqualität, und das funktionelle Training ist eine Aktivität, die dem Einzelnen vielfältig nutzen kann bei der Kontrolle von Fettleibigkeit. Ein Nutzen ist der hohe Kalorienverbrauch, und dabei muss der Praktizierende nicht zwangsläufig viel Zeit in der Einrichtung verbringen, in der er seine physische Aktivität ausübt. Dadurch maximiert er seine Zeit während des Tages und im Verlauf der Wochen.

Abnehmen kann auch bedeutsam das Selbstwertgefühl (wie die Person sich fühlt) und das Selbstbild (wie die Person sich sieht) steigern. Als Folge davon erhöhen sich beim Einzelnen Lebensqualität und Leistungsfähigkeit in den verschiedenen Tätigkeitsbereichen.

Empfehlungen des „American College of Sports Medicine" (ACSM)

Das „American College of Sports Medicine" (ACSM) empfiehlt das Ausüben physischer Aktivitäten, anfangs für 30 Minuten, 3 Mal pro Woche oder einen wöchentlichen Kalorienverbrauch, der zwischen 1000 und 2000 kcal pro Woche variiert. Zur Kontrolle von Fettleibigkeit empfiehlt der ACSM auch das funktionelle Training (FT), damit die funktionelle Fähigkeit beim Einzelnen verbessert wird durch die Zunahme von Muskelmasse und Kraft und folglich des täglichen Kalorienverbrauchs. Wenn wir über den Kalorienverbrauch bei physischer Aktivität reden, müssen wir auch betrachten, was es unseren Organismus kostet, zur Homöostase, das heißt, zum Gleichgewichtszustand in den Zellen zurückzukehren. Man kann dies beobachten beim „excess postexercise oxygen consumption" (zu deutsch: „Sauerstoffmehraufnahme nach Arbeitsende" oder „Nachbrennwert"), dem „EPOC".

Wichtiger als die Anzahl der Übungen ist es in der Tat, ihre Intensität und Qualität zu trainieren durch den zunehmenden Kalorienverbrauch, nicht nur während des physischen Trainings, sondern auch während der Erholung des Leibes, indem man eine Steigerung des Kalorienverbrauchs über die 24 Stunden des Tages anstrebt. Dadurch maximiert man die Gewichtsabnahme, die von einer Reduktion des übermäßigen Körperfetts herrührt und nicht von einem Verlust an Muskelmasse oder Knochenmasse. Das personalisierte funktionelle physische Training RONY SYSTEM® ist ein Werkzeug, das hilft, das Körpergewicht zu reduzieren, indem es den Nachbrennwert (EPOC) erhöht und den damit verbundenen Stoffwechselprozess im Körper maximal steigert.

Sauerstoffmehraufnahme nach Arbeitsende (Nachbrennwert)

Nach den physischen Aktivitäten bleibt der Sauerstoffverbrauch über einen gewissen Zeitraum erhöht, was auf den hohen Kalorienverbrauch während der Trainingseinheiten hinweist und zu einem Anstieg des täglichen Kalorienverbrauchs führt.

Untersuchungen zeigen, dass die Zeit eines erhöhten „Nachbrennwerts" (EPOC) ungefähr 60 bis 90 Minuten und sogar bis zu 24 oder 48 Stunden nach Beendigung des physischen Trainings betragen kann. Dies hängt im Wesentlichen ab von der Intensität der Übungen und von der Erholungspause zwischen den Übungen.

Nach den personalisierten funktionellen physischen Trainingseinheiten RONY SYSTEM® bleibt die Stoffwechselrate im Körper beispielsweise höher als in den Ruhephasen, bis der menschliche Körper zu seinem Gleichgewichtszustand zurückkehrt ist.

Dieser Augenblick wird EPOC genannt, und er ist gekennzeichnet von einem vergleichbar höheren Sauerstoffverbrauch als beim metabolischen Zustand vor den Übungen.

Das Ergebnis ist ein bedeutsames Abnehmen nach durchschnittlich 12 Wochen, wobei das Trainingsprogramm anfangs im Durchschnitt 3 Mal pro Woche für 30 Minuten durchgeführt werden muss mit allmählicher Steigerung.

Phasen des EPOC

Wissenschaftliche Untersuchungen identifizieren drei Bestandteile des EPOC:

1. der schnelle Bestandteil mit einer Dauer von 10 Sekunden bis wenige Minuten nach den Übungen;

2. der langsame Bestandteil, der nach Beendigung des Trainings mehrere Stunden andauern kann, abhängig davon, wie sehr die Homöostase gestört worden ist oder die Zellen in einen Ungleichgewichtszustand versetzt worden sind durch die physische Aktivität;

3. der ultralangsame Bestandteil, der wahrgenommen wird durch den erhöhten Stoffwechsel im Leib für 24 bis 48 Stunden nach den Übungen.

Das personalisierte funktionelle physische Training RONY SYSTEM® ermöglicht einen allmählichen Anstieg des Stoffwechsels, und das nicht nur während des Trainings, sondern auch noch Stunden nach dessen Beendigung, abhängig von der Intensität des Trainings und der Eignung des Trainierenden.

KAPITEL 8

HYPERTONIE

Die Hypertonie, oder im Allgemeinen „Bluthochdruck" genannt, ist charakterisiert durch einen hohen arteriellen Blutdruck, und sie wird als eine der häufigsten chronischen Gesundheitsprobleme angesehen, von dem heute ein großer Teil der Weltbevölkerung betroffen ist in allen Altersklassen. Gegenwärtig sind durchschnittlich 22% der Bevölkerungen über dem 20. Lebensjahr von der Hypertonie betroffen. Die Hypertonie ist die Ursache bei 80% der Fälle des „Cerebrovascular accident (CVA)" oder „Schlaganfalls", bei 60% der Fälle des Herzmuskelinfarkts und bei 40% der Fälle des vorzeitigen Ruhestands. Sie führt jedes Jahr auch zu Ausgaben in Milliardenhöhe für Patienten und Behandlungen im Krankenhaus.

Mit zunehmendem Alter steigt bei Vielen der arterielle Druck. Dies ist aber kein normales physiologisches Verhalten. Der effektivste Weg zur Vorbeugung einer Hypertonie oder Kontrolle dieser Fehlfunktion des Herzgefäßsystems liegt daher in einer Veränderung unseres Lebensstils oder unserer täglichen Gewohnheiten.

Das personalisierte funktionelle physische Training RONY SYSTEM® ist ein ausgezeichnetes Werkzeug für solche, die noch keine Symptome der Hypertonie zeigen, sowie für Patienten, die diese Fehlfunktion schon an sich tragen. Entwickelt man seine physischen Qualitäten wie Kraft, Flexibilität, Ausdauer und Muskelgeschwindigkeit, erhöht sich dadurch der Durchmesser der Blutgefäße, das heißt, die Gefäße werden erweitert. Außerdem wird der Herzmuskel gestärkt, eine Hypertrophie (Größenzunahme) des Herzmuskels tritt ein. Durch diese beiden Faktoren verringert sich der Widerstand zu den äußeren Gefäßen und der Blutfluss wird erleichtert. So wird auf natürliche Weise der arterielle Druck verringert und reguliert.

Stadien der Hypertonie

Als normalen arteriellen Blutdruck bezeichnet man einen systolischen arteriellen Blutdruck von 120mmHg (Millimeter Quecksilbersäule) oder darunter und einen diastolischen arteriellen Blutdruck von 80mmHg oder darunter. Zur Vorbeugung der Hypertonie und der mit ihr verbundenen

Herzgefäßerkrankungen wird in diesem Stadium empfohlen, dass man seinen Lebensstil ändert, indem man sich gesund ernährt und 1 bis 2 Mal pro Woche physische Aktivitäten praktiziert.

Die Hypertonie Grad 1 tritt ein, wenn der systolische arterielle Blutdruck einen Wert von 140-159mmHg annimmt und der diastolische arterielle Blutdruck einen Wert von 90-99mmHg. In diesem Stadium ist eine Behandlung mit Blutdruck senkenden Medikamenten (Betablockern) notwendig, und es wird empfohlen, dass man seinen Lebensstil ändert, indem man sich gesund ernährt und mindestens 2 bis 3 Mal pro Woche physische Aktivitäten praktiziert.

Die Hypertonie Grad 2 tritt ein, wenn der systolische arterielle Blutdruck einen Wert ab 160mmHg annimmt und der diastolische arterielle Blutdruck einen Wert ab 100mmHg. In diesem Stadium ist eine Kombination von zwei oder mehr Blutdruck senkenden Medikamenten (Betablockern) notwendig, und es wird dringend empfohlen, dass man seinen Lebensstil drastisch ändert, indem man sich gesund ernährt und mindestens 3 bis 4 Mal pro Woche physische Aktivitäten praktiziert.

Venöser Rückstrom

Weil das Herz das ausgestoßene Blut (Systole) nicht zu sich selbst zurück pumpen kann, erleichtert eine gestärkte Muskelmasse des Körpers den venösen Rückstrom des Blutes (Diastole) zum Herzen, da die Muskelpumpe effizienter, das heißt, die Muskulatur fähiger ist, um das Blut zum Herzen zurück zu pumpen.

Dadurch wird der arterielle Druck reguliert und das Herzgefäßsystem ins Gleichgewicht gebracht und stabilisiert. Dies hat zur Folge, dass allmählich immer weniger Blutdruck senkende Medikamente eingenommen werden müssen, bis der arterielle Druck allein durch physisches Training und eine ausgewogene Ernährung kontrolliert werden kann.

Das personalisierte funktionelle physische Training RONY SYSTEM®
muss anfangs mindestens 2 bis 3 Mal pro Woche für 15 bis 45 Minuten pro
Tag ausgeübt werden mit leichter bis mäßiger Intensität, abhängig davon, wie
der Ausübende sich eignet, denn jeder hat seine ideale Trainingszone.

Kurzfristig oder in den ersten drei Trainingsmonaten werden die Hyper-
toniewerte schon bedeutsam verringert, wodurch mittel- und langfristig das
Herzgefäßsystem vollständig korrigiert wird. Dazu muss man die Gewohnheit
regelmäßigen Trainings beibehalten.

KAPITEL 9

DIABETES

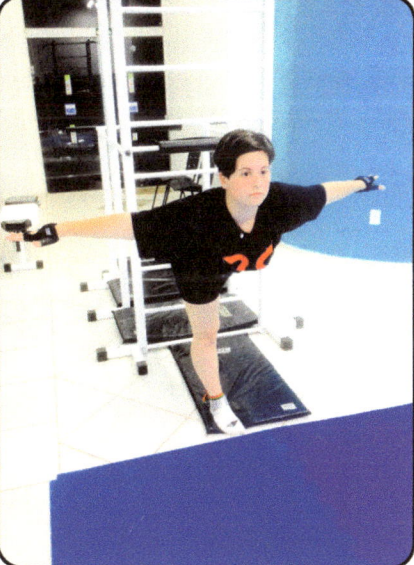

Diabetes mellitus ist eine Stoffwechselkrankheit infolge eines anormalen Anstiegs des Zuckers oder der Glukose im Blut. Glukose ist die Hauptenergiequelle unseres Organismus. Haben wir jedoch zu viel von ihr, kann sie verschiedene gesundheitliche Komplikationen mit sich bringen, wie zum Beispiel übermäßige Schläfrigkeit in ihrem Anfangsstadium, Müdigkeitsprobleme und physisch-taktische Probleme bei der Durchführung einfacher Alltagsaufgaben. Wird sie nicht richtig behandelt, können vielfache Komplikationen auftreten wie Herzanfälle, Hirnblutungen, Niereninsuffizienz, Sehstörungen, Fußamputationen und Verletzungen, die schwierig vernarben.

Das Pankreas (die Bauchspeicheldrüse) ist das Organ, das für die Produktion des Hormons namens Insulin zuständig ist. Dieses Hormon ist verantwortlich für die Regulierung des Blutzuckers oder des Glucoseanteils im Blut. Damit die Zellen der verschiedenen Körperteile des Menschen die aerobe Atmung (Zellatmung) durchführen und die Glucose als Energiequelle gebrauchen können, muss die Glukose in das Zellinnere gelangen. Daher besitzen die Zellen Rezeptoren für das Insulin (Tyrosinkinasen), die, wenn sie betätigt werden, die Zellmembran „öffnen", damit die Glukose, die sich im Blutkreislauf befindet, in das Zellinnere hineingelangen kann. Eine Insuffizienz bei der Insulinproduktion führt zu einem hohen Glukosegehalt im Blut, da die Glukose nicht richtig in das Zellinnere hineintransportiert werden kann. Für einen konstanten Blutzuckergehalt produziert das Pankreas auch ein anderes Hormon, das dem Insulin entgegen wirkt, das Glucagon. Nimmt der Blutzuckergehalt ab, wird das Hormon Glucagon vermehrt ausgeschieden, damit der Glukosegehalt im Kreislauf wiederhergestellt wird. In Fasten- oder Stresssituationen ist mehr Glucagon, kurz nach der Nahrungsaufnahme mehr Insulin im Blutkreislauf vorhanden.

Pathophysiologie des Diabetes

Ein großer Teil der Kohlehydrate aus den Speisen wird in wenigen Stunden in Monosaccharide Glukose (Einfachzucker) umgewandelt, das Kohlehydrat, das am meisten im Blut gefunden wird. Da vor allem das Hormon Insulin reguliert, wie viel Glukose von einem Großteil der Zellen, hauptsächlich von den Muskelzellen, aus dem Blut absorbiert wird, spielt es bei allen Stufen des Diabetes mellitus eine große Rolle, ob zu wenig Insulin vorhanden ist oder seine Rezeptoren unempfindlich geworden sind.

Das Insulin wird ins Blut freigegeben von den Beta-Zellen (β-Zellen) des Pankreas als Reaktion auf den steigenden Glukoseanteil im Blut (zum Beispiel nach einer Mahlzeit). Das Insulin befähigt die meisten Zellen des Leibes, die Glukose aus dem Blut zu absorbieren und als Brennstoff zu gebrauchen zur Umwandlung in andere notwendige Moleküle oder zum Speichern.

Das Insulin ist auch das Hauptkontrollsignal zur Umwandlung der Glukose in Glykogen (Verkettungen von Glukosemolekülen), um es im Inneren der Leber- und Muskelzellen abzuspeichern. Ein niedriger Glukosespiegel im Blut führt zu geringerer Insulinauscheidung durch die Betazellen und zur Rückumwandlung des Glykogens in Glukose. Auf der anderen Seite maximieren höhere Insulinmengen im Blut viele anabole Prozesse wie das Zellwachstum, die Zellvermehrung und die Proteinsynthese.

Stadien des Diabetes

Im Fall des Diabetes Typ 1, die auch Jugenddiabetes oder „insulinabhängige Diabetes" genannt wird, hört das Pankreas auf, Insulin zu produzieren, was zu einem plötzlichen und übermäßigen Anstieg der Glukose im Blut führt. Außerdem werden im menschlichen Leib giftige Substanzen produziert, wenn es an Insulin mangelt. Diese Substanzen nennt man „Ketonkörper", die einem das Gefühl von Trostlosigkeit und Übelkeit vermitteln. Da der Organismus selbst kein Insulin mehr produziert, kann dieses Krankheitsbild nur durch die Verabreichung von Insulin behandelt werden.

Im Fall des Diabetes Typ 2, die auch „insulinresistente Diabetes" genannt wird, schafft der Stoffwechsel es nicht mehr, die Glukose im Blut in Energie umzuwandeln. Dieser Prozess wird normalerweise durch das Hormon Insulin kontrolliert. Beim Diabetes Typ 2 produziert das Pankreas zwar Insulin, aber das Insulin schafft es nicht mehr, ins Zellinnere einzudringen aufgrund einer

Fehlfunktion der Zellrezeptoren an der zytoplasmatischen Membran. Dadurch widersteht die Zelle dem Insulin, sodass es nicht in sie hineingelangen kann, und als Folge davon reagiert der Leib nicht mehr auf dieses Hormon, wie er eigentlich sollte. Das Ergebnis davon ist ein anormaler und fortschreitender Anstieg des Blutzuckerwertes oder der Hyperglykämie.

Ein Schwangerschaftsdiabetes ist gekennzeichnet von Hyperglykämie (Anstieg des Blutzuckers). Diese wird während der Schwangerschaft diagnostiziert. Diese Fehlfunktion betrifft durchschnittlich 4% aller Schwangeren, und normalerweise kehrt sich das Krankheitsbild gleich nach der Entbindung wieder um.

Vorbeugung und Reversion

Bei allen Fällen des Diabetes ist eine regelmäßig ausgeübte physische Aktivität ein wichtiger Faktor zur Vorbeugung dieser Krankheit. Sogar wer schon Diabetes hat, kann durch ein Programm physischen Trainings als Teil der Behandlung voraussichtlich zur Reversion dieses Krankheitsbildes beitragen.

Beginnen die Patienten mit einer physischen Aktivität, brauchen sie eine richtige und gut verabreichte Dosis von Übungen, und diese Dosierung ist bei jedem anders. Deshalb gibt es den Fachmann, der darauf spezialisiert ist, dieses spezifische Training zu verschreiben, den „Personal Trainer" oder personalisierten Trainer.

Auch Sportlehrer sind solche qualifizierten Fachmänner, die solche physische Übungen verschreiben können. Sie empfehlen die Verschreibung eines Trainingsprogramms, das zu der Fähigkeit und dem Leistungsvermögen des Einzelnen passt: im Durchschnitt zwischen 15 und 45 Minuten pro Tag, drei bis sechs Mal die Woche, mit einer mittleren bis mäßigen Intensität, je nach Bedürfnis.

Das personalisierte funktionelle physische Training RONY SYSTEM® verbunden mit einer ausgeglichenen Ernährung ist ein ausgezeichnetes Werkzeug für Diabetiker, denn das Krankheitsbild des Diabetes beginnt bei der Sesshaftigkeit kombiniert mit einer unausgeglichenen Ernährung.

Verordnung von physischen Übungen

Die Intensität des Trainings wird festgelegt nach einer physischen und biometrischen Einschätzung, die sich aus verschiedenen Parametern zusammensetzt, unter anderem den Test des maximalen Sauerstoffverbrauchs (oder VO²max) auf dem Laufband und dem Test maximal möglicher Wiederholungen an der Anlage RONY SYSTEM®.

Das personalisierte funktionelle physische Training RONY SYSTEM® muss anfangs mindestens 2 bis 3 Mal die Woche für 15 bis 45 Minuten pro Tag ausgeübt werden mit leichter bis mäßiger Intensität, im Durchschnitt bei 70% der maximalen Herzschlagfrequenz (HF max), abhängig von der Eignung, denn jeder Trainierende hat seine ideale Trainingszone.

Durch Magnetresonanztomografie wurde in verschiedenen Studien nach physischen Übungen eine Fettabnahme beobachtet um Organe wie Herz, Leber und Nieren bei Patienten mit Diabetes Typ 2 (bei der keine äußere Verabreichung von Insulin notwendig ist). Die Reduktion dieser Art von Fett ist verbunden mit einer niedrigen Komplikationsrate bei dem Diabetes, wie zum Beispiel weniger Herzmuskelinfarkte.

Es ist unabdingbar, dass der Patient mit Diabetes seinen Arzt aufsucht, wenn er mit einem Programm physischen Trainings beginnt, damit äquivalent zur physischen Aktivität, die der physische Erzieher empfiehlt, die Dosierung der verschriebenen Medikamente angepasst werden kann.

Innovation in der Behandlung

Es werden vorzugsweise aerobische Übungen verschrieben, um den Diabetes zu kontrollieren und durch diese Art von Training das Muskel- und kardiorespiratorische System zu aktivieren und zu stärken, wodurch der Verbrauch des Glukosevorrats im Leib erhöht und als Folge davon die Hyperglykämie reduziert wird.

Charakteristisch für die aerobischen Übungen ist, dass sie mit mittlerer Intensität und über einen langen Zeitabschnitt ausgeübt werden und dazu große Muskelgruppen an Rumpf und Gliedern trainieren.

Beispiele für aerobische Übungen sind unter anderem Laufen, Rennen, Schwimmen, Gymnastik und Radfahren, solange sie mit mittlerer und mäßiger Intensität und über einen langen Zeitabschnitt ausgeübt werden.

Aerobische Übungen eignen sich ausgezeichnet zur Behandlung von Diabetes und Hypertonie, denn sie erhöhen nicht nur die Verwertung des Blutzuckers, sondern sie reduzieren auch die Fettablagerungen im Inneren der Blutgefäße der Arterien und an Organen wie dem Herzen, der Leber und den Nieren. Dazu tragen sie auch bei zur Gefäßerweiterung in den Arterien oder zur Vergrößerung des Durchmessers der Blutgefäße.

Die Innovation beim personalisierten funktionellen physischen Training RONY SYSTEM® ist, dass es all diese Vorteile bietet und noch viele weitere. Mit einer gut ausgearbeiteten, starken, flexiblen und korrigierten Struktur der Skelettmuskeln erzielen die aerobischen Übungen nämlich ein viel besseres Ergebnis in einem kurzen Zeitraum.

Durch dieses Trainingsprogramm kann nämlich die fettfreie Masse zunehmen und damit der Stoffwechsel gesteigert werden, was ein wichtiger Faktor dafür ist, dass auch der Gesamtkalorienverbrauch steigt. Die Skelettmuskeln stellen 40% der Körpermasse dar, und sie spielen eine wichtige Rolle für das energetische Gleichgewicht, da sie verantwortlich sind für mehr als 30% des täglichen Gesamtenergieverbrauchs.

Daher genügen nach Durchführung des Programms RONY SYSTEM® Teil 1 und 2 (Kapitel 14, Verschreibung von RONY SYSTEM®) 10 bis 20 Minuten aerobische Übungen mit einer zunehmenden Intensität, wie der Einzelne dazu in der Lage ist, um das kardiorespiratorische System zu entwickeln und das Übermaß an Blutzucker und Körperfett als Brennstoff zu mobilisieren.

Das „American College of Sports Medicine" (ACSM) und die „American Diabetes Association" (ADA) empfehlen Jugendlichen, Erwachsenen und älteren Menschen mit Diabetes das funktionelle physische Training, solange sie keine Gegenanzeigen auf diese Art von Training zeigen. Das personalisierte funktionelle physische Training RONY SYSTEM® wird als eine neue funktionierende Strategie angesehen für Patienten mit Diabetes und Hypertonie, da es einfach durchzuführen ist und ausgezeichnete Ergebnisse erzielt.

KAPITEL 10

RÜCKENSCHMERZEN

Unter Rücken- oder Lendenschmerzen leidet ein großer Teil der Bevölkerung, und es ist weltweit einer der Hauptgründe, weshalb viele am Arbeitsplatz fehlen. Statistischen Daten der „Weltgesundheitsorganisation" (WHO) zufolge, haben 85% aller Nordamerikaner wenigstens einmal in ihrem Leben irgendeinen Schmerz in der Wirbelsäule. Diese Daten stimmen sehr mit den Daten des Gesundheitsministeriums von Brasilien überein, und beim Hauptteil der Weltbevölkerung sieht es nicht anders aus.

Es ist wahr, früher oder später wird ein bedeutend großer Teil der Menschen dieses unbequeme Symptom erfahren, das die Lebensqualität auf verschiedene Weise beeinflusst, sei es physisch, gefühlsmäßig oder sogar gesellschaftlich. Daher sind funktionelle physische Übungen zur Korrektur der Haltung der Wirbelsäule so wichtig für alle, die noch nicht diese unangenehme Erfahrung gemacht haben, da diese Übungen vorbeugend oder prophylaktisch sind. Aber auch für alle, die diese unangenehme Erfahrung machen und nach einer sofortigen und definitiven Lösung suchen, sind sie wichtig.

Zufolge der statistischen Daten der WHO können 90% aller Fälle von Bandscheibenvorfall behandelt werden durch die Ausübung korrekt verabreichter physischer Übungen. Dadurch wird nicht zwangsläufig ein chirurgischer Eingriff notwendig sein. Die meisten Bandscheibenvorfälle entstehen durch übermäßigen Druck auf die Bandscheiben zwischen den Wirbeln aufgrund falscher Haltungsgewohnheiten. Dabei werden die Nervenenden des Rückenmarks, die Spinalnerven, die im Inneren der Wirbelkörper verlaufen, von der Bandscheibe gequetscht, was Schmerz und Unbequemlichkeit verursacht.

Lösung für Lumbalgien (Lendenschmerzen)

Viele Menschen wissen nicht, dass die meisten Lenden- oder Rückenschmerzen von einer falschen Körperhaltung oder falschen Haltungsgewohnheiten herrühren. Daher ist die Ausübung von funktionellen Übungen wie die des Programms RONY SYSTEM® im Allgemeinen das beste und wirksamste Medikament: Es reduziert die Symptome und löst oftmals endgültig die unbequeme Situation.

Physische Übungen, die den menschlichen Leib in einer funktionellen und ganzheitlichen Weise ausarbeiten und dadurch seine physischen Qualitäten entfalten, sind eine ausgezeichnete Lösung zur Vorbeugung oder Rehabilitation von Schmerzen in der Wirbelsäule.

Durch Hänge-, Zieh-, Kraft- und Dehnübungen werden die Bandscheiben zwischen den Wirbeln entlastet, und als Folge davon wird der Nervenstrom zwischen Rückenmark und Nervenenden im menschlichen Leib befreit. Dadurch wird der Schmerz völlig gelindert und die Ursache des Problems andauernd behoben. Das Trainingsprogramm muss jedoch ununterbrochen ausgeübt werden. Dies ist der Schlüssel zur Aufrechterhaltung und Stabilität der Wirbelsäule und der Lebensqualität.

Das personalisierte funktionelle physische Training RONY SYSTEM® soll die Haltung korrigieren und die physischen Qualitäten ins Gleichgewicht bringen. Dabei sind die Rehabilitation der Wirbelsäule und die physiologische und psychologische Verbesserung eine logische und sichere Konsequenz.

Ursache und Wirkung

Dieses Programm funktionellen Trainings ist vielfältig genutzt worden zur Rehabilitation von Patienten mit Wirbelsäulenproblemen und Rückenschmerzen. Probleme wie Missverhältnisse bei den Muskeln und falsche Haltungen können endgültig korrigiert werden.

Eine Haupteigenschaft des Programms RONY SYSTEM® ist, dass seine Übungen nicht die Wirkung, sondern die Ursache des Problems angehen. Die Lösung ist dabei eine logische und natürliche Folge: Muskel-Gelenk-Schmerzen werden endgültig gelindert, das Selbstwertgefühl und das Selbstbild werden erhöht und innere Unruhe und Depression werden reduziert.

Behandlungen von Rückenschmerzen, die die Folge und nicht die Ursache des Problems angehen, führen zu zeitlichen Ergebnissen und Erleichterungen. Dabei ist es jedoch nur eine Frage der Zeit, dass die Symptome wiederkehren und der Kreislauf von Ursache und Wirkung sich wiederholt.

Daher ist es sehr wichtig, dass das Training von spezialisierten und qualifizierten Fachkräften angeleitet wird, am besten begleitet von einem vielseitig geschulten Team. Wenn die Symptome der Rückenschmerzen jedoch bleiben, besteht möglicherweise ein Schaden am Knochen oder zwischen den Wirbeln. In diesen Fällen wird der Eingriff durch einen Mediziner empfohlen, damit eine richtige Diagnose erstellt und die geeignete chirurgische Behandlung durchgeführt wird.

KAPITEL 11

OSTEOPOROSE

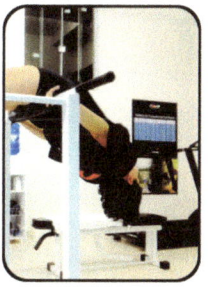

Knochenmineraldichte

Das Wort „Osteoporose" stammt aus dem Griechischen und bedeutet „poröse Knochen". Die Osteoporose ist charakterisiert durch den niedrigen Grad der Regenerierung und/oder durch den hohen Grad der Degeneration der Knochen. Dadurch entstehen schwache Knochen mit einer niedrigen Knochenmineraldichte (BMD). Ein Knochen ist ein lebendiges Gewebe, das sich beständig erneuert durch Zellen, die dafür spezialisiert sind, dass sie das Gewebe, die sogenannte Knochenmatrix, metabolisch rekonstruieren und dadurch das Gleichgewicht wiederherstellen. Diese Zellen, die Osteoklasten und Osteoblasten, sind verantwortlich für die Rekonstruktion und Stärkung der Knochen. Die Knochenmatrix ist der Knocheninhalt, das heißt, die Gesamtheit der Zellen der organischen Matrix oder des Kollagens und der Mineralien Kalzium und Phosphor.

Die Knochenmineraldichte (BMD) beruht auf diesem dynamischen Prozess der Bildung von Knochengewebe; sie bedeutet die Mineralkonzentration in einem bestimmten Raumvolumen eines Knochens. Schwache und zerbrechliche Knochen hängen direkt mit einem niedrigen BMD-Wert zusammen, starke und widerstandsfähige Knochen dagegen sind verbunden mit einem hohen BMD-Wert. Die Osteoporose ist charakterisiert durch die verstärkte Abnahme der Knochendichte, das heißt, die Knochenmatrix bildet sich stärker zurück, als sie sich bildet, und der Mineralgehalt im Knochen nimmt stärker ab. Dies macht den Knochen poröser und als Folge davon schwächer und brüchiger. Somit zeigt es sich als unerlässlich, dass die BMD aufrechterhalten wird, wenn man dieser Krankheit vorbeugen will, von der vor allem das „dritte Lebensalter" und Frauen nach den Wechseljahren betroffen sind.

Piezoelektrischer Effekt

„Piezoelektrizität" stammt vom griechischen Wort „piezein", was „pressen" bedeutet; sie ist die Fähigkeit von bestimmten Kristallen, unter mechanischem Druck elektrische Spannung zu erzeugen. Man erklärt dies dadurch, dass bestimmte Materialien Elektrizität erzeugen, wenn sie verdichtet werden.

Unter dem „piezoelektrischen Effekt" versteht man die lineare elektro-mechanische Wechselwirkung zwischen mechanischer Kraft und dem elektrischen Stadium (Coulomb Kraft) in kristallinen Materialien. Elektrische Ladungen werden gebildet auf der gegenüberliegenden Oberfläche des Knochens, der aufgrund von Druck mechanisch deformiert wird. Dabei bildet das Molekül des Kollagens die plastische Substanz, die für diesen Effekt verantwortlich ist.

Die Umgestaltung des Knochens wird gesteuert durch die Polarität der Ladungen, die durch den Druck erzeugt werden, wobei die positiven Ladungen die Wirkung der Osteoklasten und die negativen Ladungen die Wirkung der Osteoblasten begünstigen. Mechanischer Druck auf die Knochen führt zu einem piezoelektrischen Effekt. Dadurch entsteht ein elektrischer Bipolar, der wiederum Zellen anzieht zur Wiederherstellung der Knochen. Auf diese Weise werden Mineralien abgelagert in dem Knochenteil, der den Druck erleidet.

Verschiedene Studien untersuchen, wie der piezoelektrische Effekt der physischen Übungen sich auf die Knochenstruktur auswirkt. Sie zeigen, dass der piezoelektrische Mechanismus die Reparatur der Knochen beschleunigen und die Knochenmineraldichte erhöhen kann. Dadurch werden die Symptome der Osteoporose verhütet und behoben.

Kalzium

Im Periodensystem ist das Kalzium ein chemisches Element mit der Ordnungszahl 20 und einer Atommasse von 40 (das heißt, das Atom hat 20 Protonen und 20 Elektronen). Das Symbol für Kalzium ist „Ca". Es ist ein Metall der Familie der Erdalkalimetalle, das im endoplasmatischen Retikulum der Zellen eingelagert wird. Es ist das Metall, das am häufigsten im menschlichen Körper vorkommt, vor allem in zusammengesetzten Formen wie dem Kalziumkarbonat. Von den annähernd 1200 Gramm Kalzium, die bei einem erwachsenen Menschen gefunden werden, kann man etwa 1110 Gramm im Knochengewebe lokalisieren. Die verbleibenden 90 Gramm werden gebraucht für verschiedene Stoffwechselfunktionen, und zwar solche wie die Aktivitäten der Zellmembranen, Muskelkontraktionen, Nervenimpulse, Kontrolle des Säuregehalts und der Gerinnung des Bluts, der Zellteilung und der Hormone.

Weil es so lebenswichtig ist für die Funktion des Organismus, strebt der Leib stets danach, seinen Mangel im Blutkreislauf dadurch auszugleichen, dass er den Knochen Kalzium entzieht. Kalziummangel kann herrühren von schlechter Ernährung, hormonellen Problemen oder anderen Gründen. Kalziummangel kann zur Osteoporose führen, bei der die Knochen zerfallen und das Risiko für Brüche steigt, insbesondere bei den Knochen der unteren Gliedmaßen, die den menschlichen Leib aufrechterhalten. Zu viel Kalzium kann jedoch zu den sogenannten „Nierensteinen" führen, die in Wahrheit kleine Ansammlungen einer Substanz sind, die als Kalziumoxalat bekannt ist. Das Trinken von ausreichend Wasser hilft, Nierensteine zu vermeiden.

Osteoporose und das „Funktionelle Training"

Wissenschaftliche Untersuchungen belegen, dass jede Art von physischer Aktivität, die eine größere Stimulierung erzeugt, als die man schon gewohnt ist, dazu beiträgt, dass die Zellen, aus denen die Knochenmatrix gebildet wird, aktiver werden. Die Knochenmineraldichte nimmt dadurch zu oder wird stabilisiert.

Übungen mit einer hohen Gravitationsüberlast und einem großen mechanischen Druck wie beim funktionellen Training, sind äußerst wirksam darin, die Dichte des Knochengewebes zu verbessern oder aufrechtzuerhalten. Außerdem haben Menschen mit einer gestärkten Muskulatur auch stärkere und widerstandsfähigere Knochen, denn die Muskulatur übt eine größere Kraft auf die Knochen aus, die sie aushalten müssen.

Beim Durchlesen wissenschaftlicher Literatur, die sich befasst mit den Auswirkungen des funktionellen Trainings auf Menschen mit Osteoporose, können wir aus den vorliegenden Daten folgern, dass ein solches Trainingsprogramm einen positiven Effekt hat, da es die Gesundheit der Knochen fördert und bei den Praktizierenden die Osteoporose vorbeugt. Das funktionelle Training ist entgegen dem Denken Vieler eine Disziplin, die empfohlen wird für Menschen, die schwache Knochen oder Anzeichen von Osteoporose haben.

Wir können also behaupten, dass das personalisierte funktionelle physische Training RONY SYSTEM® ein „Verbündeter" ist zur Förderung der Gesundheit, wenn jemand von Osteoporose betroffen ist. Es wird sogar empfohlen zur Vorbeugung und Behandlung dieser Krankheit.

KAPITEL 12

DIE AUSRÜSTUNG DES „RONY SYSTEM®"

In diesem Kapitel werde ich ein wenig den Ursprung und die Geschichte der Ausrüstung des RONY SYSTEM® behandeln, sein Trainingsprogramm sowie diesen neuen und innovativen unternehmerischen Ansatz auf dem Markt von „Gesundheit, Fitness & Business".

Meine Großeltern stammten aus Deutschland. Meine deutsche Staatsbürgerschaft habe ich von meinem Großvater väterlicherseits geerbt, der in der Stadt Passau an der österreichischen Grenze geboren wurde. Er war Automechaniker und wanderte im Jahr 1910 vor dem Ersten Weltkrieg nach Brasilien aus.

Auch mein Vater ergriff den Beruf eines Automechanikers, und ich bin aufgewachsen in einer Autowerkstatt, die in unserem eigenen Haus in der Stadt Porto Alegre im Staat Rio Grande do Sul untergebracht war, wo ich, mein Vater, meine Mutter und meine beiden Schwestern aufgewachsen sind und wunderbare Jahre erlebt haben.

Während meiner Kindheit und Jugend hatte ich das Privileg, mechanische Fähigkeiten zu entwickeln und gleichzeitig an verschiedenen Sportwettkämpfen teilzunehmen. Meine Eltern sind nämlich altgediente Mitglieder des „Sociedade de Ginástica de Porto Alegre (Sogipa)" (Gymnastikvereins von Porto Alegre). Dadurch waren sie der große Ansporn für meine athletische und berufliche Karriere.

Bis zum Alter von 18 Jahren habe ich bei meinem Vater gearbeitet als Automechanikergehilfe. Von Kind auf habe ich an verschiedenen Sportwettkämpfen teilgenommen. Als ich dann mein Sportstudium begann, habe ich diese beiden Berufe vereint und bin so auf ganz natürliche Weise zu einem Biomechaniker geworden, indem ich Anlagen für physische Übungen baue und menschliche Wesen „repariere".

Athletische und berufliche Karriere

1974 habe ich meine athletische Karriere begonnen, als ich am Schwimmkurs mit Prof. Dr. Elio Carravetta teilnahm. Derzeitig ist er der Koordinator zur physischen Vorbereitung im „Sport Club Internacional", und er ist tätig in der physischen Rehabilitation der Spieler des Teams erster Wahl. Prof. Dr. Elio Carravetta war auch mein Sportlehrer während meiner Schulzeit, mein Athletiktrainer und Universitätsprofessor.

1976 begann ich, Judo zu praktizieren. 1978 begann ich, zu surfen und Skateboard zu fahren. 1980 begann ich mit der Athletik, genauer gesagt mit dem 100-Meter-Sprint, bei dem ich bei verschiedenen nationalen Wettkämpfen gewann.

Im Jahr 1986 begann ich im Alter von 18 Jahren mein Studium an der Sporthochschule „ESEF" („Escola Superior de Educação Física"), die zur „Universidade Federal do Rio Grande do Sul" (UFRGS) gehört. Im gleichen Jahr begann ich auch mit den Turntrainings für die Olympiade.

1987 begann ich, Kickboxen zu praktizieren.

1988 begann ich, aerobische Gymnastik im Wettkampf zu praktizieren. 1993 wohnte ich in der Stadt São Paulo, wo ich an nationalen und panamerikanischen Wettkämpfen in dieser Sportart teilnahm und gewann, ebenso im Jahr 1994 an der Weltmeisterschaft in der Stadt Tokio in Japan.

1994 kehrte ich im Alter von 26 Jahren nach Porto Alegre zurück und begann meine Karriere als „Personal Trainer", wobei ich einer der ersten Profis war, die in diesem Fachgebiet arbeiteten.

1995 begann ich, Jiu-Jitsu zu praktizieren. 1997 gewann ich den schwarzen Gurt im Kickboxen, als ich an einer Meisterschaft des MMA (Mixed Martial Arts) teilnahm; ich gewann den Kampf und eroberte den Rang.

Im Jahr 2002 spezialisierte ich mich im Alter von 34 Jahren als „Personal Trainer". In jenem Jahr nahm ich auch an einem Aufbaukurs im „Personal Training" teil, ebenfalls an der Sporthochschule „ESEF" der „UFRGS". Das Thema der Abschlussarbeit in diesem Kurs lautete „Die Zeiteinteilung im personalisierten Training". Dieses Thema wird detailliert in folgenden Kapiteln behandelt.

Anfänge des Projekts „RONY SYSTEM®"

Anfang des Jahres 2005 bemerkte ich, wie eine neue Welle nahte auf dem Markt von „Gesundheit, Fitness & Business". Dies war der Anfang des „Funktionellen Trainings" (FT). Da das „Funktionelle Training" die Art von Training war, das ich schon immer praktiziert hatte während meines ganzen Lebens als Athlet, begann ich daher ein Master-Projekt zu entwickeln, um eine Anlage zu schaffen mit dem dazugehörenden Programm personalisierten funktionellen physischen Trainings, bei dem es möglich sein würde, den menschlichen Körper vollständig auszuarbeiten.

In jenem Jahr wurde also der erste Prototyp der aus Eisenröhren aufgebauten Anlage und des Programms RONY SYSTEM® geschaffen, bei dem fünf wichtige Apparate zur physischen Aktivität vereint sind: eine Matte, ein Hochbarren, ein Niederbarren, ein Parallelbarren und eine Sprossenwand. Diese fünf Apparate sind grundlegend zur Entwicklung der physischen Qualitäten wie Kraft, Flexibilität, Ausdauer und Geschwindigkeit. Dazu korrigieren sie die Haltung und rehabilitieren Muskel-Gelenk-Verletzungen.

Im Jahr 2006 wohnte ich in der Stadt Rio de Janeiro, wo ich als „Personal Trainer" arbeitete in dem neu eingeweihten „Hotel Fasano Vieira Souto", einem fünf Sterne Hotel vor dem „Arpoador" am Strand von Ipanema. In dieser Zeit verbesserte ich das Programm des personalisierten funktionellen physischen Trainings RONY SYSTEM®. Ich erlebte den Arbeitsmarkt in der Fitnesshauptstadt Brasiliens, Rio de Janeiro, mit, die eine weltweite Referenz für Sport und physische Aktivitäten ist.

Neue Horizonte

Ab 2007 wohnte ich in Europa. Dabei vertiefte ich mein Wissen und absolvierte einen Masterkurs in „Wissenschaften physischer Aktivität" an der Fakultät für Medizin „Universidad de Córdoba (UCO)" in Spanien. Das Thema meiner Dissertation war genau das Thema dieses Buchs, nämlich *„Das Programm personalisierten funktionellen physischen Trainings RONY SYS-*

TEM®", oder noch spezifischer gesagt: *„Die Stufen bei der Korrektur der Hal-*
tung und die emotionale Verfassung bei Praktizierenden und Nicht-Praktizie-
renden des Programms RONY SYSTEM®".

Master en Ciencias Aplicadas a la Actividad Física y al Deporte

2008 wohnte ich in Deutschland. Dort arbeitete ich weiter an meinen
Studien und verbesserte das Programm RONY SYSTEM® in der Heimat meiner Großeltern und Urgroßeltern, dem Land, aus dem mein genetisches Erbe
stammt und das mich inspiriert, das Unternehmen, das in diesem Buch vorgestellt wird, bis zur Vorzüglichkeit weiter zu entwickeln.

Nachdem ich Erfahrungen auf dem Markt von „Gesundheit, Fitness &
Business" in Europa gesammelt hatte, kehrte ich 2009 nach Brasilien zurück,
um an der „Banco do Estado do Rio Grande do Sul" (BANRISUL S.A.) zu
arbeiten, bei der ich meine Karriere als öffentlich Angestellter in der Verwaltung begann.

2012 nahm ich das Amt des „Geschäftsführers für Firmenhandel" an. Dabei entwickelte ich mein Wissen im unternehmerischen Bereich weiter und
arbeitete durch die „Banco do Estado do Rio Grande do Sul" mit an der sozialen und ökonomischen Entwicklung des Staates.

In jenem Jahr rief ich die „Kliniken des Personal Training" ins Leben und weihte die erste Klinik der „Kliniken RONY SYSTEM®" ein, die der Anfang des Franchising-Projekts war.

Harmonie, Vitale Energie und Weg

Im Jahr 2013 begann ich im Alter von 45 Jahren die zehnte Sportart in meinem Leben zu praktizieren, das „Aikido". Jetzt strebe ich nach meinem zweiten schwarzen Gurt.

Aikido (合気道) bedeutet: Harmonie (Ai), Vitale Energie (Ki) und Weg (Do). Dies ist eine japanische Kampfsportart, entwickelt von dem Meister „Morihei Ueshiba" (1883-1969), und es wird häufig übersetzt als „der harmonische Weg vitaler Energie" oder „der Weg des harmonischen Geistes". Aikido ist eine äußerst komplexe und intelligente Kampfsportart. Eine ihrer Haupteigenschaften ist das Prinzip der „Gewaltlosigkeit", wobei das Training sich darauf konzentriert, das menschliche Wesen zu einer besseren, besser vorbereiteten und ausgeglicheneren Person zu machen.

Im Jahr 2014 nahm ich das Amt des Hauptgeschäftsführers in der „Banco do Estado do Rio Grande do Sul" an. In jenem Jahr absolvierte ich auch einen MBA in Betriebswirtschaft mit dem Schwerpunkt auf „Marketing und Verkauf" an den „Faculdades Metropolitanas Unidas (FMU)" („Vereinigte Metropolitane Fakultäten"). Dieses Buch „Gesundheit, Fitness & Business" stellte die Abschlussarbeit dieses MBA-Kurses dar. Dadurch vollendete ich meine Kenntnisse in den Gebieten Führung, Management, Verwaltung, Marketing und Verkauf.

Zurzeit arbeite ich neben meinen beruflichen, verwaltenden und leitenden Tätigkeiten privat an einem „Kreuz-Training" (cross training), das heißt, die Kombination von zwei oder mehr Sportarten an ein und demselben Tag oder im Verlauf einer Trainingswoche. Dabei praktiziere und lehre ich das Programm RONY SYSTEM®, eingeteilt durch „Periodisierung". Dieses Thema wird in folgenden Kapiteln behandelt werden.

Ein Produkt, das sich von anderen unterscheidet

Die Übungen an der Anlage „RONY SYSTEM®" werden mit dem eigenen Körpergewicht durchgeführt. Durch sie soll das menschliche Wesen seine vollständige Funktionalität erlangen durch eine bessere physiologische und psychologische Struktur. An der Anlage „RONY SYSTEM®" werden Übungen durchgeführt, deren Grundlage die menschlichen Bewegungen bilden wie ziehen, schieben, drehen, bücken, aufstehen und springen. Einer der großen Vorteile besteht darin, dass an einer einzigen Anlage unzählige Übungen durchgeführt werden können, wodurch die Ergebnisse maximiert und die Kosten minimiert werden.

Analysiert man verschiedene Personengruppen, bei denen die Einzelnen innerhalb ihrer Gruppe irgendeine Sportart praktizieren, kommt man zu dem Schluss: Die Gruppen, die das Programm RONY SYSTEM® praktizieren, haben einen großen Vorteil gegenüber denen, die dieses Trainingsprogramm nicht praktizieren. Das liegt daran, dass durch dieses Programm das Gleichgewicht der physischen Qualitäten und die funktionelle Fähigkeit entwickelt werden, welche den menschlichen Leib fähiger und vorbereiteter machen für alle Arten von Aktivitäten und Aufgaben.

Die Marke, die Anlage, das Programm, die Kliniken und das Franchising RONY SYSTEM® sind registriert beim „Instituto Nacional de Propriedade Intelectual (INPI)" („Nationales Institut für Intellektuelles Eigentum", Brasilien). So besitzen die lizenzierten und konzessionierten Eigentümer einen Nutzungsvertrag zur Reproduktion und Vermarktung der Produkte RONY SYSTEM® in Übereinstimmung mit den Patentgesetzen und „Gesetzen des intellektuellen Eigentums".

KAPITEL 13

DAS PROGRAMM „RONY SYSTEM®"

Laut dem brasilianischen Wörterbuch „Houaiss" bedeutet der Ausdruck „funktionell": *„etwas, das geplant und umgesetzt wurde für mehr Effektivität; etwas, das wirksam, brauchbar und praktikabel ist"*. Somit hat das personalisierte funktionelle physische Training „RONY SYSTEM® Master Personal Training System" zum Ziel, beim Einzelnen das funktionelle Leistungsvermögen zu verbessern oder ihn zu befähigen, dass er die Aktivitäten des normalen täglichen Lebens effizient, selbständig und unabhängig durchführen kann.

Das **Programm** RONY SYSTEM® wurde speziell für die **Anlage** RONY SYSTEM® geschaffen, um dadurch die Struktur des Leibes in seinen Hauptachsen und -plänen auszuarbeiten.

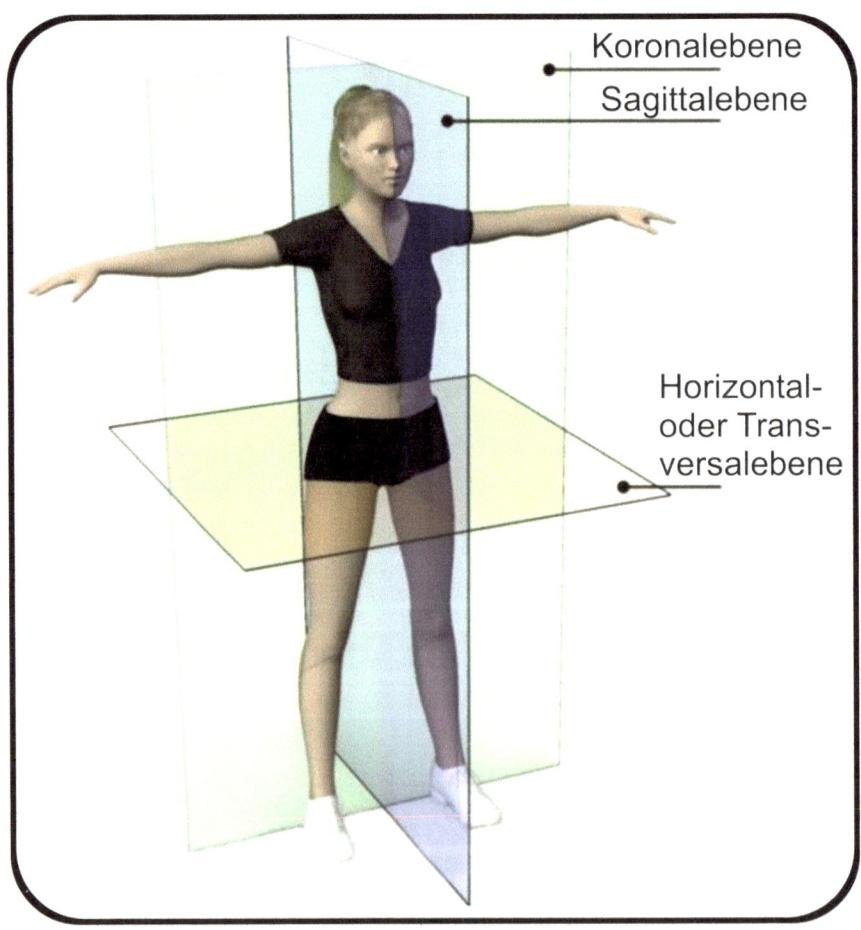

Koronalebene
Sagittalebene
Horizontal- oder Transversalebene

Die drei Hauptpläne der menschlichen Bewegung unterteilen die Körpermasse in drei Dimensionen. Ein Plan ist eine zweidimensionale Oberfläche, deren Ausrichtung festgelegt ist durch die Raumkoordinaten und drei unterschiedliche Punkte, wie eine imaginäre ebene Fläche.

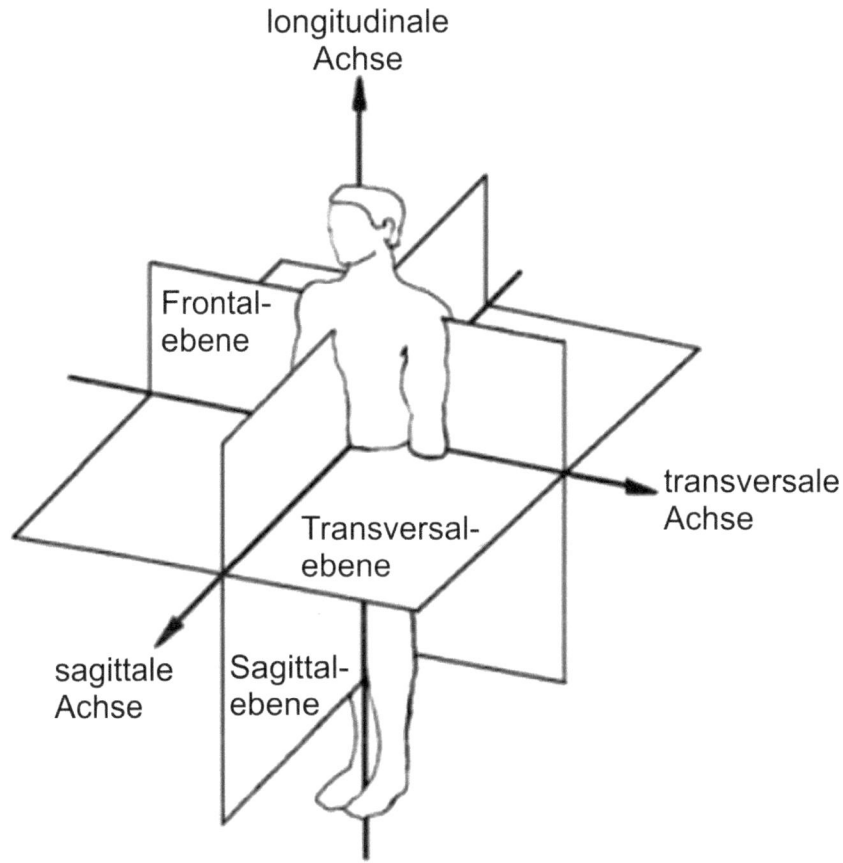

Die "Sagittalebene", die auch bekannt ist als die „Seitenansicht eines Körpers", unterteilt den Leib vertikal in eine rechte und linke Hälfte.

Die "Frontalebene", auch „Koronalebene" genannt, unterteilt den Leib vertikal in zwei Hälften „vorher und nachher".

Die "Transversalebene", auch „horizontale Ebene" genannt, trennt den Leib in eine obere und untere Hälfte.

Bei der anatomischen „Neutral-Null-Stellung" kreuzen sich die drei Ebenen in einem einzigen Punkt, der auch Massenmittelpunkt oder Schwerpunkt des menschlichen Leibes genannt wird, der sich ungefähr auf Höhe des zweiten Kreuzbeinwirbels befindet.

Einschätzung der Funktionalität

Jeder, der mit dem Programm RONY SYSTEM® beginnt, wird zuvor physisch und biomechanisch eingeschätzt. Beurteilt werden dabei die natürlichen Bewegungen des menschlichen Leibes mit seinen physischen Hauptqualitäten wie Kraft, Ausdauer, Flexibilität, Geschwindigkeit, Haltung und Gewandtheit. Bei dieser Einschätzung können Verletzungen, Asymmetrien oder andere Mängel diagnostiziert werden, die mit funktionellen Übungen behandelt werden. Durch diese Übungen werden die Bewegungen wieder wirksamer, Muskel-Gelenk-Probleme rehabilitiert oder ihnen vorgebeugt und der körperlich-ästhetische Zustand verbessert.

Durch die Übungen des Programms RONY SYSTEM® werden Muskelketten ausgearbeitet, die sich aus verschiedenen Muskelgruppen zusammensetzen. Die Übungen sind sehr abwechslungsreich, und sie entfalten psychologische und physiologische Aspekte neben dem Bewusstsein für seinen Leib in Zeit und Raum oder der Raum-Zeit-Wahrnehmung.

Der menschliche Leib wird „funktioneller", wodurch er leichter die Bewegungsabläufe des Alltags bewältigt. Dies scheint simpel zu sein, es ist jedoch eine starke Evidenz dafür, dass sich alles im Gleichgewicht befindet. So wird die Körperstruktur tauglicher für die grundlegenden menschlichen Bewegungsabläufe wie schieben, ziehen, bücken, springen, drehen und werfen. Darüber hinaus helfen die Übungen, vielfachen physiologischen Krankheiten und Komplikationen vorzubeugen, von denen ein großer Teil der Weltbevölkerung betroffen ist.

Korrektur und Vorbeugung

Verletzungen durch wiederholte Beanspruchung (R.S.I. - „Repetitive-Strain-Injury") sind Verletzungen im neuromuskulären System, die hervorgerufen wurden durch wiederholte Aufgaben, energische Anstrengungen, Vibrationen und übermäßigen mechanischen Druck oder falsche Haltungen über lange Zeiträume. Sie sind eine Art „Arbeitsbedingter Muskel-Skelett-Erkrankung" („WMSD – work-related musculoskeletal disorders").

Solche Verletzungen treten in der Regel dann ein, wenn die Muskel-Gelenk-Gruppen unvorbereitet sind aufgrund eines sesshaften Lebensstils oder unangemessener Ausübung bestimmter Sportarten, physischer Aktivitäten oder täglicher Arbeitsroutinen. Neben den Verletzungen durch wiederholte Beanspruchung (R.S.I.) oder arbeitsbedingten Muskel-Skelett-Erkrankungen (WMSD), sind auch Probleme von Asymmetrie oder Ausgleich üblich, wenn die Körperstruktur auf einer Seite des Leibes mehr Kraft oder Flexibilität hat als auf der anderen. Dies löst dann Fehlhaltungen aus.

Die traditionellen Behandlungen, die zur Genesung angewandt werden, bestehen aus Rehabilitation, Immobilisierung, Ruhigstellung und entzündungshemmenden Medikamenten. Dabei ist es in der Regel notwendig, dass man von seiner Arbeitsroutine fernbleibt bis zur völligen Genesung.

Das Programm RONY SYSTEM®, ausgeübt in leichter bis mäßiger Weise, hat bei unzähligen Fällen positive Ergebnisse erzielt, indem es der RSI oder WMSD vorbeugte oder den Genesungsprozess beschleunigte.

Neuromuskuläre Entwicklung

Das zentrale Nervensystem (ZNS) ist verantwortlich für die Aktivierung der Muskel und Organisation der Körperbewegungen sowie auch für verschiedene andere motorische und synästhetische Funktionen. In der Haut, den Gelenken und den Muskeln befinden sich synästhetische Rezeptoren, die verschiedene Signale an das ZNS senden. Dadurch werden Einzelheiten und Position eines jeden Körpersegments festgestellt sowie deren Verhältnis zum

Raum, zur Zeit, zur Geschwindigkeit und zum Winkel der Bewegungen und Gelenke.

Die Haltung des menschlichen Leibes wird direkt kontrolliert durch diese sensorischen Systeme. Ihre Hauptfunktion bei den physischen Übungen und Bewegungsabläufen des Alltags ist, die Körperstruktur im Gleichgewicht zu halten und ihr Orientierung zu geben.

Das Programm RONY SYSTEM® bedeutet eine Rückgewinnung von diesen grundlegenden Standards menschlicher Bewegung. Dabei wird die ganze Körperstruktur integriert bei speziellen Bewegungsebenen in den verschiedenen Bewegungsplänen. Eine solch umfassende Vision erlaubt den Praktizierenden, ihr propriozeptives und sensomotorisches System zu verbessern, indem sie ihre motorische Koordination und besonderen Fähigkeiten entwickeln, die von bestimmten Sportarten oder Routinen des Alltags verlangt werden. Diese grundlegenden Aspekte werden verbessert durch die korrekte Verschreibung von gut ausgearbeiteten funktionellen physischen Übungen.

Ästhetische Entwicklung

Die Bewegungsabläufe, aus denen das Programm zusammengestellt wird, werden verschrieben in Übereinstimmung mit der biologischen Verfassung des Einzelnen. Dadurch kann der Praktizierende seine persönlichen Bedürfnisse stillen und Ziele erreichen, sei er ein Mensch mit sesshaftem Lebensstil, der gerade mit physischen Aktivitäten beginnt, oder sei er jemand, der schon physisch aktiv oder sogar ein Athlet ist, der bereits eine sehr gute physische Kondition hat. Jeder, unabhängig vom Alter oder Geschlecht, kann das Programm RONY SYSTEM® praktizieren, denn das Training wird verschrieben mit der Art von Übungen, dem Schwierigkeitsgrad und der Intensität, wie es für jeden Einzelnen angemessen ist.

Das Trainingsangebot geht in Wahrheit über den ästhetischen Nutzen hinaus. Die Ästhetik ist jedoch eine logische und natürliche Folge und macht sich nach durchschnittlich 3 Monaten oder 12 Wochen Training bemerkbar.

In dieser Zeitspanne werden Fettanteil und übermäßige Flüssigkeit im Organismus verringert, wodurch die fettfreie Masse und die Knochenmasse zunehmen und ganz natürlich der Stoffwechsel und tägliche Kalorienverbrauch angekurbelt werden.

Der Nutzen stellt sich langfristig ein, ähnlich wie beim Erlernen einer Fremdsprache. Dabei wird dieses neue neurale Programm für den Rest des Lebens eingebunden, das heißt, es wird zu etwas Unbewusstem und Automatischem. Logischerweise muss man diese Praxis kontinuierlich aufrechterhalten, damit man seine erworbene Kondition vollendet.

KAPITEL 14

VERSCHREIBUNG DES „RONY SYSTEM®"

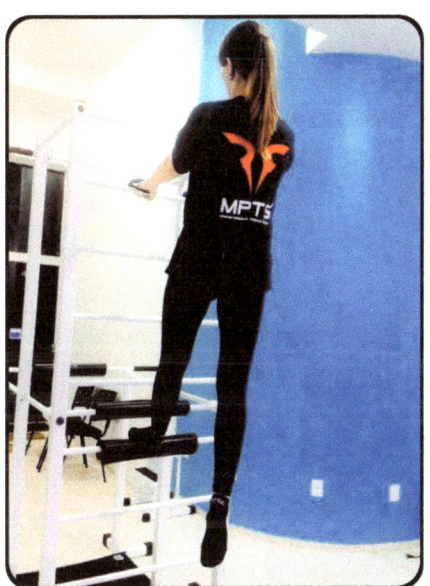

Das Programm „RONY SYSTEM®" Teil 1

Das Programm „RONY SYSTEM®" setzt sich zusammen aus zwei Hauptteilen. Der erste Teil wird vollständig auf dem Boden vollführt, bei dem allein der menschliche Leib gebraucht wird. Dieser Teil ist die Aufwärmphase. Hier führt der Praktizierende Dehn- und Gleichgewichtsübungen durch in den vier Grundstellungen: liegend, sitzend, kniend und stehend.

Bei jeder Übung in Teil 1 verharrt man mindestens 12 Sekunden in statischer Position, wobei diese Zeit des Verharrens mit dem Training auf natürliche Weise zunehmen wird. Die Atmung, ein entscheidend wichtiger Aspekt, den man beobachten muss, besteht während dieser Übungen aus 3 Phasen:

1. Tiefes Einatmen für 4 Sekunden.

2. Anhalten der Luft für 4 Sekunden, die sogenannte „Apnoe" (Atemstillstand).

3. Vollständiges Ausatmen für 4 Sekunden.

Auf diese Weise erreicht der Sauerstoff alle Körperregionen. Dadurch wird auch eine Ausdehnung der Blutgefäße ermöglicht, was den Druck in den Arterien herabsetzt. Und Leib und Geist entspannen, was die Dehnübungen leichter macht.

Im Folgenden werden Übungsabläufe gezeigt, bei denen der jeweilige Anfänger nur die Übungen durchführt, zu denen er in der Lage ist. Mit der Zeit werden Anzahl und Schwierigkeitsgrad der Übungen auf natürliche Weise zunehmen, was darauf hinweist, dass die physische Kondition zunimmt.

Das Programm „RONY SYSTEM®" Teil 2

Der zweite Teil des Trainingsprogramms wird an der Anlage RONY SYS-TEM® durchgeführt. Bei diesem Teil wird das Programm vollführt, dessen Übungen einer logischen und fortschreitenden Zeiteinteilung folgen. Hier beginnt der Einzelne zuerst mit einer Zeitspanne der Gewöhnung an dieses neue physische Training.

Einer der Hauptaspekte von Teil 2 sind die Hängeübungen, bei denen die Bandscheiben zwischen den Rückenwirbeln entspannen, was sofort erleichtert bei Rückenschmerzen.

Die Übungen von Teil 2 trainieren die physischen Qualitäten wie Kraft, Dehnbarkeit, Ausdauer und Geschwindigkeit. Als Folge davon wird auch die Ästhetik des Leibes verbessert.

Der Praktizierende wird nicht nur stärker, dehnbarer und ausdauernder, sondern er wird auch schneller, da durch das Trainingsprogramm die Geschwindigkeit in den Synapsen oder der elektrischen Impulse zwischen den Neuronen zunimmt. Dadurch werden die Bewegungen nicht nur während der Trainingseinheiten, sondern auch im täglichen Leben schneller.

Untersuchst du dies aufmerksam, wirst du wahrnehmen, dass die meisten Spitzenathleten und Weltmeister der Hauptwettkampfsportarten im Allgemeinen auch die Schnelleren sind.

Ansprechen und Anpassung

Von den ersten Übungseinheiten an kann man wahrnehmen, wie der Praktizierende auf das Programm RONY SYSTEM® anspricht und sich daran anpasst. Bleibende Resultate zeigen sich jedoch in drei unterschiedlichen Entwicklungsstufen.

Stadium 1

In den ersten drei Trainingsmonaten oder im „ersten Makrozyklus" treten kurzfristige Anpassungen ein.

Zu Beginn macht der Einzelne nur wenige Übungen mit einem großen Zeitintervall zwischen den Übungen und einer geringen Amplitude bei den Bewegungen.

In diesem Stadium der Adaptation wird beim Praktizierenden schon von den ersten Trainingseinheiten an wahrgenommen, wie seine Haltung korrigiert wird, Muskel-Gelenk-Schmerzen gelindert werden und sein Wohlbefinden bedeutsam zunimmt.

In diesem Stadium der Adaptation nimmt auch schon die Muskelspannung zu und die Physis des Körpers verändert sich, das Selbstwertgefühl und das Selbstbild werden besser und Angst und Depression nehmen ab. So beginnt der Praktizierende, seine Lebensqualität zu verändern.

Stadium 2

In den kommenden drei Monaten oder im „zweiten Makrozyklus" treten mittelfristige Anpassungen ein. Allmählich werden es mehr Übungen, die Zeitspanne zwischen den Übungen nimmt ab und die Amplitude und Leistungsfähigkeit bei den Bewegungen nimmt zu. In diesem Stadium kann man wahrnehmen, wie sich die Ästhetik des Leibes fortschreitend verbessert und die physischen Qualitäten sich entwickeln; das Körperfett nimmt bedeutsam ab und die fettfreie Masse nimmt zu.

Stadium 3

In den kommenden drei Monaten oder im „dritten Makrozyklus" treten die langfristigen Anpassungen ein. In diesem Stadium können die Praktizierenden nun die ganze vorgeschlagene Sequenz an Übungen ausführen; dabei hat die Zeitspanne zwischen den Übungen bedeutsam abgenommen. Dies zeigt, dass die Ausdauer der Muskel, des Herzens und der Lunge zugenommen hat. Dazu hat man seine volle Leistungsfähigkeit und Beweglichkeit erreicht. In diesem Stadium nimmt der Praktizierende wahr, dass die drei Hauptaspekte, die durch das Programm RONY SYSTEM® ausgearbeitet werden sollen, vollständig entfaltet sind: Die Ästhetik des Leibes ist verbessert, die Haltung korrigiert und Muskel-Gelenk-Verletzungen sind rehabilitiert.

Neuprogrammierung der Neuronen

Das menschliche Gehirn ist ohne Zweifel der faszinierendste auf Kohlenstoff basierende Prozessor, den es gibt, der aus etwa 100 Milliarden Neuronen besteht. Alle Funktionen und Bewegungen vom menschlichen Organismus hängen davon ab, wie gut diese kleinen Nervenzellen funktionieren. Die Neuronen sind miteinander verbunden durch Synapsen und bilden zusammen ein großes Netzwerk, das sogenannte „neurale Netz".

Das Nervensystem ist aufgebaut aus einem außerordentlich komplexen Geflecht von Neuronen, die untereinander kommunizieren durch elektrische Impulse. Wird eine Bewegung ständig wiederholt, werden neue Nervenverbindungen geschaffen, die dann ein neues neurales Programm bilden. Dieses neue Netzwerk von Neuronen spielt eine entscheidend wichtige Rolle bei der Funktionstüchtigkeit der Bewegungen, beim Verhalten und bei der Denkfähigkeit des menschlichen Wesens.

Wie der Einzelne auf das Programm RONY SYSTEM® reagiert und sich daran anpasst, wird anfangs durch das zentrale Nervensystem koordiniert, dann aber allmählich vom autonomen oder vegetativen Nervensystem codiert, das heißt, es wird ein neues neurales Programm codiert, das unterbewusst oder automatisch abläuft und somit eine neue Gewohnheit geschaffen hat. Nachdem man ein optimales Maß an Lebensqualität, Gesundheit und physischer Kondition erlangt hat, muss man diese neue Gewohnheit beibehalten und das Übungsprogramm unaufhörlich ausführen. Dadurch lebt man sein Leben im Gleichgewicht und in physischer, geistiger und geistlicher Ganzheit.

KAPITEL 15

PERIODISIERUNG BEIM RONY SYSTEM®

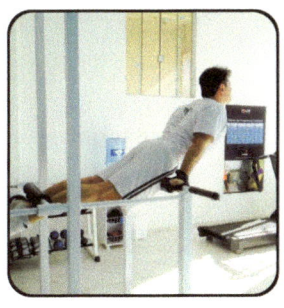  

Das Programm RONY SYSTEM® periodisiert das funktionelle physische Training auf eine besondere Weise. Dabei berücksichtigt es die biologische Individualität des menschlichen Wesens, je nach Fähigkeit, Bedürfnis und Ziel des Einzelnen.

Die Idee, das Sporttraining zu periodisieren, wurde zum ersten Mal in den 50'er Jahren vorgestellt von dem russischen Wissenschaftler Dr. Lev Pavlovich Matveev, dem „Vater der Periodisierung". Er schuf die „Theorie des allgemeinen Anpassungssyndroms".

Bei der Periodisierung strukturiert man das Training in bestimmte logische Zeitabschnitte mit ihren jeweiligen Regeln für das physische Konditionstraining.

Die Periodisierung unterteilt einen jährlichen Trainingszyklus in spezifische Zeitabschnitte (die Makrozyklen), die wiederum in kleinere Zeitabschnitte oder Zyklen eingeteilt werden (die Mittelzyklen), bei denen das Training erneut jeweils in noch kleinere Zeitabschnitte oder Zyklen unterteilt wird (die Mikrozyklen).

Aus zwei entscheidend wichtigen Gründen sollte das physische Training in Zeitabschnitte oder Zyklen strukturiert werden:

1. Der Einzelne kann nicht über lange Zeit die optimale physische Form aufrechterhalten, weil er physiologisch gesehen eingeschränkt ist.

2. Die periodischen Wechsel von Struktur und Inhalt des Trainings sind notwendig, damit der Trainierende sich physiologisch verbessert und eine neue und höhere Entwicklungsstufe erreichen kann.

Trainingszyklen

Der jährliche Zyklus: Ein „jährlicher Zyklus" setzt sich zusammen aus einer Gruppe von Makrozyklen.

Der Makrozyklus: Ein „Makrozyklus" wiederum setzt sich zusammen aus einer Gruppe von „Monatszyklen" oder Trainingsmonaten.

Der Monatszyklus: Ein „Monatszyklus" wiederum setzt sich zusammen aus einer Gruppe von „Mikrozyklen" oder Trainingswochen.

Der Mikrozyklus: Ein „Mikrozyklus" wiederum setzt sich zusammen aus täglichen Trainingseinheiten. Dabei bedeutet die erste Woche des Monats eine Anpassung, die zweite Woche eine Annäherung (an sein Limit), die dritte Woche der Schock (ein überschreiten seines Limits) oder maximale Belastung und die vierte Woche die Erholung, also die Vorbereitung auf den nächsten Trainingszyklus.

Bei der Anpassung geht der menschliche Leib durch 3 Hauptphasen:

* Die erste Phase ist der Schock, wenn der Leib durch das Training mit einer neuen Stimulierung konfrontiert wird, bei der sich Schmerz einstellt und die Leistungsfähigkeit erst einmal abnimmt.

* Die zweite Phase ist die Anpassung an die Stimulierung: Der Leib passt sich an die für ihn neue Stimulierung durch das Training an, und die Leistungsfähigkeit nimmt wieder zu.

* Die dritte Phase ist die Stabilisierung: Der Leib hat sich schon an die neue Stimulierung angepasst; jetzt wird eine neue Planung und eine Neuberechnung der Belastung durch das Training notwendig, damit ein neuer Trainingszyklus begonnen werden kann.

Test, Einschätzung und Verschreibung

Das Training wird in Zeitabschnitte unterteilt, damit man die Intensität, den Umfang, die Häufigkeit, die Folgen, die Wiederholungen und die Pausen zwischen den Übungen steuern und so das „Übertraining" vermeiden kann. Dadurch kann man die Dynamik der Trainingseinheiten verändern und ein optimales Ergebnis erzielen. Das Trainingsprogramm RONY SYSTEM® besteht aus drei Hauptteilen:

1. Programm RONY SYSTEM® Teil 1 (10 bis 20 Minuten).
2. Programm RONY SYSTEM® Teil 2 (10 bis 20 Minuten).
3. Kardiorespiratorisches Training (10 bis 20 Minuten).

Zu Beginn eines jeden Makrozyklus muss eingeschätzt und überprüft werden, wie viele Wiederholungen der Praktizierende maximal bei jeder Übung erreicht hat. Dies dient dann als Parameter, damit die korrekte prozentuale Belastung für jeden Trainingszyklus verschrieben werden kann. Die Übungen sollen ausgeführt werden bis zur Erschöpfung. Dabei genügt es, dass jede einzelne Übung bloß einmal ausgeführt wird. Dadurch wird die maximale Vielfalt an Übungen erreicht.

Zu Anfang sollten die einzelnen Programmteile des RONY SYSTEM® höchstens zwei bis drei Mal pro Woche ausgeübt werden mit einer Pause von mindestens 48 Stunden zwischen den einzelnen Trainingseinheiten, damit der Stoffwechsel des Körpers sich allmählich physiologisch anpassen kann und die nötigen Ruhezeiten respektiert werden.

Trainingsplanung

Das Programm RONY SYSTEM® wird geplant, um zu zeigen, dass die Periodisierung mehr ist als alle Tage so viel wie möglich zu trainieren, ohne dabei auf die Ziele der spezifischen Trainingsphasen zu achten. Die angewandte Methodik dient somit als Richtlinie, nach der die gewünschte physische Kondition entwickelt wird. Dabei ist sie der grundlegende Leitfaden, nach dem für die einzelnen Trainingsphasen Ziele gesetzt werden und eine Struktur geschaffen wird, damit die Leistungsfähigkeit und Ästhetik des Leibes deutlich verbessert wird.

Diese Planung soll dem Trainer auch helfen, als der „beste personalisierte Trainer" optimal periodisierte Programme funktionellen physischen Trainings auszuarbeiten. Dadurch werden die Trainings sicherer, effektiver und unterhaltsamer. Das bedeutet auch, dass er „ein ausgezeichneter Personal Trainer, ein Promotor der Gesundheit auf wissenschaftlicher und pädagogischer Grundlage sein wird, anerkannt von der Gesellschaft mit einem außerordentlich zufriedenen Publikum".

Wenn die Menschen daran denken, einen Personal Trainer zu engagieren, wollen sie am häufigsten wissen: Wen kann ich engagieren, der wirklich auch versteht, was er tut? Dann möchte ich, dass sie sofort an dich denken!

Es folgen einige Beispiele der Planung des ersten Makrozyklus oder der ersten drei Trainingsmonate:

Makrozyklus 1					
Monatszyklus 1					
Übung	Test maximaler Wiederholungen	Woche 1	Woche 2	Woche 3	Woche 4
		60%	70%	80%	50%
Bauchmuskel-	10x	6x	7x	8x	5x
Rückenmuskel-	10x	6x	7x	8x	5x
Streck-	10x	6x	7x	8x	5x
Beuge-	10x	6x	7x	8x	5x
Beinmuskel-	10x	6x	7x	8x	5x
Pause zwischen den Übungen		2 Minuten			

Makrozyklus 1					
Monatszyklus 2					
Übung	*Test max. Wiederholungen*	*Woche 1*	*Woche 2*	*Woche 3*	*Woche 4*
		60%	*70%*	*80%*	*50%*
Bauchmuskel- (1)	20x	12x	14x	16x	10x
Rückenmuskel- (1)	20x	12x	14x	16x	10x
Bauchmuskel- (2)	20x	12x	14x	16x	10x
Rückenmuskel- (2)	20x	12x	14x	16x	10x
Beuge-	10x	6x	7x	8x	5x
Streck-	10x	6x	7x	8x	5x
Beuge-	10x	6x	7x	8x	5x
Beinmuskel-	20x	12x	14x	16x	10x
Pause zwischen den Übungen	1,5 Minuten				

Makrozyklus 1					
Monatszyklus 3					
Übung	Test max. Wie-	Woche 1	Woche 2	Woche 3	Woche 4
	derholungen	60%	70%	80%	50%
Bauchmuskel- (1)	30x	18x	21x	24x	15x
Rückenmuskel- (1)	30x	18x	21x	24x	15x
Bauchmuskel- (2)	30x	18x	21x	24x	15x
Rückenmuskel- (2)	30x	18x	21x	24x	15x
Streck- (1)	20x	12x	14x	16x	10x
Beuge- (1)	20x	12x	14x	16x	10x
Streck- (2)	20x	12x	14x	16x	10x
Beuge- (2)	20x	12x	14x	16x	10x
Streck- (3)	20x	12x	14x	16x	10x
Beuge- (3)	20x	12x	14x	16x	10x
Beinmuskel-	20x	12x	14x	16x	10x
Pause zwischen den Übungen	1 Minute				

  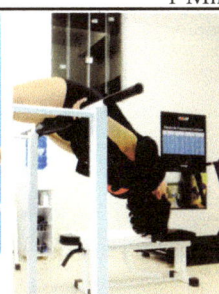 

 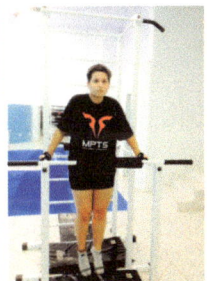  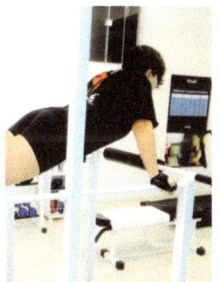

 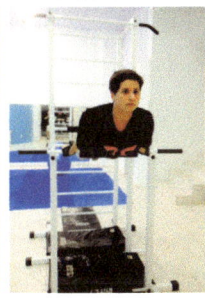  

KAPITEL 16

DIE KLINIKEN „RONY SYSTEM®"

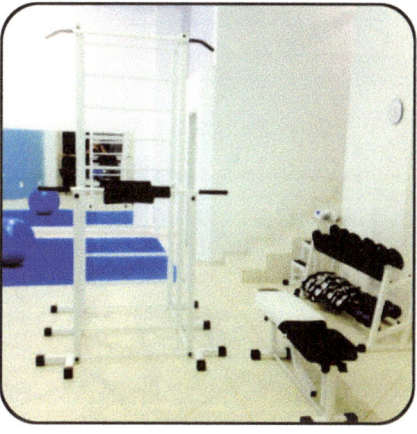
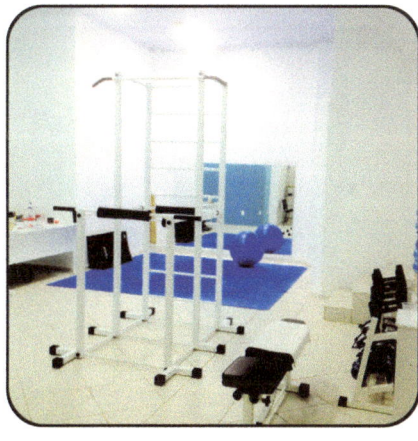

Herzlichen Glückwunsch, lieber Kunde, der du schon physische Übungen machst oder dir vorgenommen hast, solche zu machen. Herzlichen Glückwunsch auch dir, der du schon Eigentümer einer Klinik „RONY SYSTEM®" bist oder dir vorgenommen hast, in die Firma „Kliniken des Personal Training RONY SYSTEM®" zu investieren. Du erwirbst ein einzigartiges Produkt auf dem Markt von „Gesundheit, Fitness & Business" mit nachgewiesenem Erfolg.

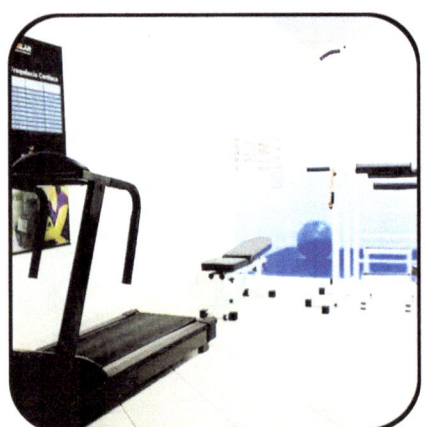 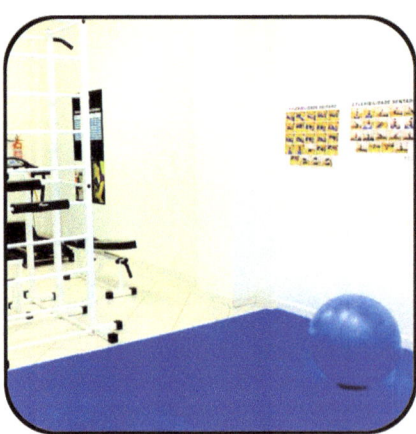

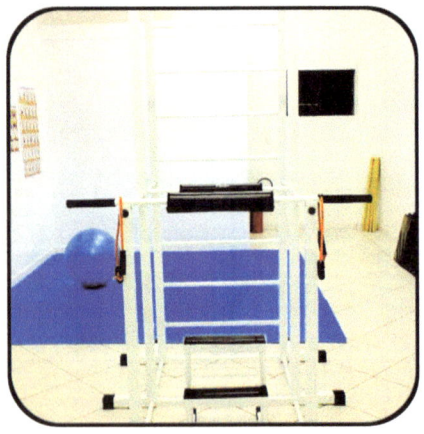 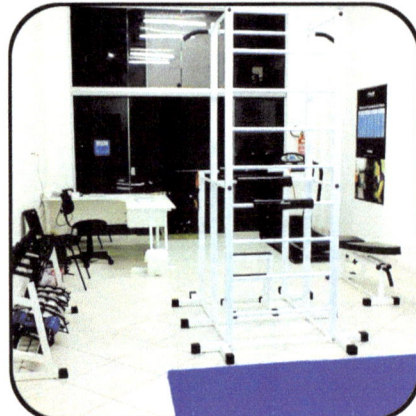

Seitdem es im Jahr 2005 geschaffen worden ist, haben schon Tausende von Menschen das personalisierte funktionelle physische Training RONY SYSTEM® erprobt und dabei kurz-, mittel- und langfristig beachtliche Ergebnisse und Gewinne erzielt.

Einer der großen Vorteile der Kliniken des „Persönlichen Trainings RONY SYSTEM®" sind die anfänglich niedrigen Investitionskosten und der bedeutsame finanzielle Gewinn auf kurze Frist. Dies unterscheidet sich von den traditionellen Fitnesscentern, wo die anfänglichen Investitionskosten hoch sind und der finanzielle Gewinn sich erst auf lange Frist einstellt.

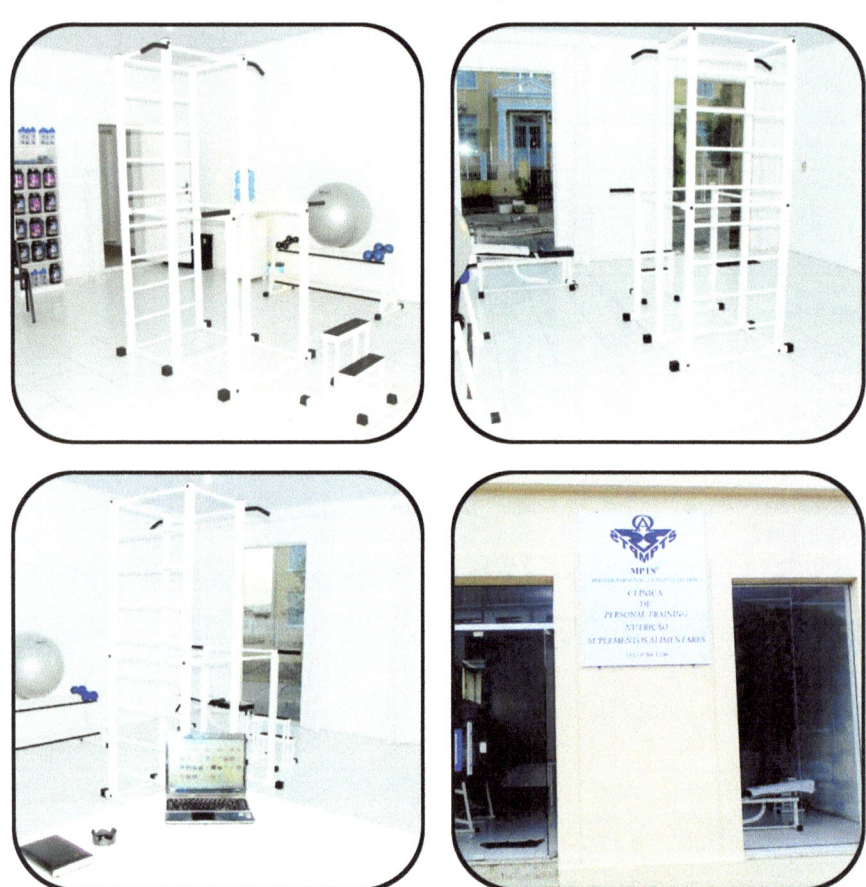

Ein neuer Ansatzpunkt:
Kliniken des „Persönlichen Trainings RONY SYSTEM®"

Der Ansatzpunkt „Kliniken des persönlichen Trainings RONY SYSTEM®" ist eine Innovation. Dabei ist es ein einzigartiges und neuartiges Unternehmen im Bereich von „Gesundheit, Fitness & Business".

Für die Kunden bietet es die nötige Privatsphäre, sodass sie ungezwungen ihre Trainings beginnen können, ausgehend von ihrer derzeitigen Kondition. Dabei können sie sich gewiss sein, dass sie professionell angeleitet und Ergebnisse erzielen werden.

Für die Eigentümer oder Konzessionsnehmer ist es ein vortreffliches Produkt und eine ausgezeichnete Marktlösung, sowohl für Berufsanfänger als auch für Berufstätige mit jahrelanger Erfahrung, die über ihren eigenen Arbeitsplatz verfügen wollen.

Die Fachleute aus dem Bereich der Gesundheit trachten immer mehr danach, zu erfolgreichen Unternehmern zu werden mit Unternehmergeist und ihre eigenen Geschäfte so zu führen, dass sie besser den Erwartungen ihrer Kunden gerecht werden und eine menschlichere, einladende und wirksamere Betreuung bieten können.

Die Kliniken des „Persönlichen Trainings RONY SYSTEM®" sind so wertvoll wegen ihrer personalisierten Betreuung. Sie machen den Unterschied dadurch, dass sie den Kommunitäten näher sein können, die nach einer Dienstleistung mit Qualität zu einem erschwinglichen Preis verlangen.

Ein personalisiertes Unternehmen

Die Kliniken des „Persönlichen Trainings RONY SYSTEM®" bieten ihren Praktizierenden im wesentlichen drei unterschiedliche Dienste:

1. Ästhetische, physiologische und psychologische Vollendung:

 * Abnehmen durch die Bildung von fettfreier Masse.

 * Verbesserung der kardiorespiratorischen Kondition.

 * Regulierung der endokrinen Hormonsysteme.

 * Verringerung von Stress, Sorgen und Depression.

 * Verbesserung des Selbstwertgefühls und des Selbstbildes.

2. Korrektur von Haltung und anatomischen Abweichungen:

    * Skoliose

    * Lordose

    * Kyphose.

3. Rehabilitation von Muskel-Gelenk-Verletzungen:

    * Bandscheibenvorfall

    * Rückenschmerzen

    * Verletzungen durch wiederholte Belastung (RSI-Syndrom)

    * arbeitsbedingte Muskel-Skelett-Erkrankungen (WMSD).

KAPITEL 17

FRANCHISING RONY SYSTEM®

Kleine Studios - Große Geschäfte

Die kleinen Studios erobern den Markt der physischen Aktivitäten

Das Konzept des Franchising oder des Konzessionsverkaufs fand seinen Anfang zur Zeit der industriellen Revolution, bei der die damaligen Firmen eine Handelsstrategie entwickelten, um für die Unternehmer Lösungen zu schaffen als Antwort auf die Herausforderungen, auf die sie beim Handel trafen.

Im Wesentlichen beruht das Franchising auf der Reproduktion desselben Handelskonzeptes an verschiedenen Orten oder Märkten. Der Markt des Franchising besteht aus dem Kaufen und Verkaufen von Rechten, um eine Marke, ihr System und ihre Standardisierung zu nutzen oder nutzbar zu machen. Mit Vertragsabschluss werden Käufer und Verkäufer zu Partnern, die zusammenarbeiten, um den vollen Erfolg auf beiden Seiten zu sichern, sowohl persönlich als auch des Unternehmens.

Hauptziel beim Franchising ist, dass man „sein eigenes Geschäft hat und sein eigener Chef ist". Es gibt verschiedene Wege, auf denen man sein eigenes Geschäft führen kann, aber eine der besten Optionen ist mit Sicherheit das System des Franchising.

Ein Franchiseunternehmen wird betrieben und verwaltet vom Franchisenehmer, der vom Franchisegeber durch einen Vertrag autorisiert worden ist, dessen registrierte Marke zu gebrauchen, Marketing zu betreiben und dessen Dienstleistungen, Trainingsprogramme und produzierten Produkte zu kommerzialisieren.

Der Franchisenehmer wird als ein selbständiger Unternehmer angesehen, da er der Eigentümer des ausführenden und kontrollierenden Betriebs ist. Dabei muss er jedoch übereinstimmen mit den Regeln, Policen und Normen, die der Franchisegeber formuliert hat.

Finanzieller Nutzen

Der wichtigste positive Gesichtspunkt für den Franchisenehmer sind die bedeutenden Gewinne und Renditen, welche in kurzer Zeit die Investierungen decken werden, die gemacht werden müssen bei der Implementierung, Durchführung, Geschäftsverwaltung, Ausrüstung, den Produkten, Dienstleistungen, Wartungen, Lieferanten, Marketingstrategien, usw.

Die Höhe des Ertrags bestimmt der Franchisenehmer selbst, sie hängt ab von seinem Ehrgeiz und seinen Verkaufsstrategien.

Einer der wichtigsten Aspekte, den man beachten muss, ist das Risiko. Bei einem unabhängigen Unternehmer ist das Risiko sehr hoch. In dieser Hinsicht bietet das Franchising-System einen seiner größten Nutzen, nämlich die Reduzierung des Marktrisikos.

Zufolge internationaler Nachforschungen und Daten ist das Risiko eines Unternehmers, der in ein Franchiseunternehmen investiert, mindestens fünf Mal geringer im Vergleich zu einem Unternehmer, der sein eigenes unabhängiges Geschäft beginnt, insbesondere wenn er wenig Erfahrung hat.

Wer sich für das Franchising entscheidet, wird arbeiten mit einer Methodik, die schon getestet worden ist, mit Training, technischem Support, Marktanalyse und Partnerschaft. Die Partnerschaft macht eine Beratung möglich, bei der man aneinander glaubt und zusammenarbeitet für das Wachstum des Geschäfts.

Wie es anfing mit dem „Franchising RONY SYSTEM®"

Die Kliniken des „Persönlichen Trainings RONY SYSTEM®" wurden zu Franchiseunternehmen, nachdem sie begutachtet worden waren durch den „Serviço Brasileiro de Apoio a Micro e Pequena Empresas (SEBRAE)" („Brasilianischen Dienst der Unterstützung von Kleinst- und Kleinbetrieben"), der ein sozialer Dienst ist mit dem Hauptzweck, Kleinst- und Kleinbetrieben in ihrer Entwicklung zu helfen und dadurch den Unternehmergeist im Land zu fördern.

Gemäß der Daten des SEBRAE stellen 80% der traditionellen Betriebe außerhalb des Franchising-Systems binnen 5 Jahren ihre Tätigkeiten ein, verglichen mit nur 15% der Geschäfte innerhalb des Franchising-Systems.

Nach dieser Begutachtung wurde dann die Firma „Franchising Kliniken RONY SYSTEM®" geschaffen, und von diesem Zeitpunkt an konzentrierte sich die Geschäftsstrategie auf die Kommerzialisierung von eigenständig funktionierenden Franchiseunternehmen. Darüber hinaus wurden neue Unternehmer und Fachmänner ausgebildet, die sich auf das personalisierte funktionelle physische Training RONY SYSTEM® spezialisiert haben.

So wurde im Jahr 2015, zehn Jahre nachdem das Projekt RONY SYSTEM® ins Leben gerufen worden war, eine Marktlösung geschaffen, die sowohl für den praktizierenden Kunden als auch für den professionellen Unternehmer geeignet ist. Hierbei handelt es sich um eine ausgezeichnete Geschäftsgelegenheit mit niedrigen Investitions- und Durchführungskosten und mit einem bedeutsamen finanziellen Gewinn.

Sich vom Markt abheben

Die Franchisebetriebe „Kliniken RONY SYSTEM®" heben sich vor allem in 4 Punkten vom Markt ab:

1. Durch ihre einzigartige und originale Ausrüstung für das personalisierte funktionelle physische Training, die „Ausrüstung RONY SYSTEM®".
2. Durch ihr einzigartiges und originales Trainingsprogramm, das „Programm RONY SYSTEM®".
3. Durch eine einzigartige und originale Firma, die „Kliniken RONY SYSTEM®".
4. Durch ein einzigartiges und originales Franchising-System, die „Franchising Kliniken RONY SYSTEM®".

Der Nutzen bei den „Franchising Kliniken RONY SYSTEM®" liegt unter anderem beim Gebrauch einer anerkannten und gesicherten, registrierten Marke, beim technischen Support und Management und bei der Verwaltung der neuen Betriebe für ihre volle Funktionstüchtigkeit.

Die „Franchising Kliniken RONY SYSTEM®" betrachten es als ihre Mission, dass sie ihren Kunden kurz-, mittel- und langfristig Ergebnisse und Zufriedenheit bieten, indem sie ein Gefühl von Wohlergehen und Verwirklichung vermitteln, nicht erst, nachdem die Ziele erreicht worden sind, sondern auch schon während der Anschaffungsphase. Dies bedeutet, dass Lebensqualität und bleibender Nutzen aufrechterhalten bleiben.

Diese Innovation auf dem Markt von „Gesundheit, Fitness & Business" kann man einsehen auf der Seite „www.ronysystem.com.br".

Schau rein!

KAPITEL 18

DER VIELFÄLTIGE NUTZEN BEIM „RONY SYSTEM®"

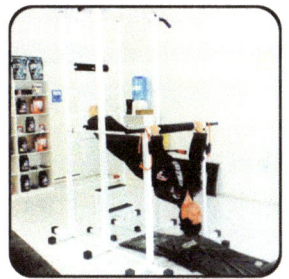

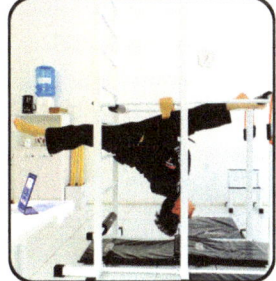

Zurzeit bleibt sich das funktionelle Training in seinem Wesen treu als eine Methode physischen Trainings mit der Grundprämisse, dass es die physische Kondition und die Gesundheit verbessert und darüber hinaus Muskel- und Gelenkverletzungen vorbeugt.

Das funktionelle Training bildet die Grundlage aller kollektiven und individuellen sportlichen Übungen, Kampfsportarten und Tänze und auch aller physischen Aktivitäten, die im Alltag ausgeübt werden. Als eine Haupteigenschaft des funktionellen Trainings stimmt es mit den fundamentalen biomechanischen Fähigkeiten des menschlichen Wesens überein, damit es wirksamere Bewegungen hervorbringt.

Das Programm RONY SYSTEM® arbeitet die Essenz des funktionellen Trainings aus und kann von allen Praktizierenden bei jeder Art physischer Aktivitäten angewandt werden als Grundlage zur Verbesserung der physischen Kondition und der Ästhetik und zur Entwicklung der physischen Qualitäten, die mit dem Sporttraining verbunden sind.

Ein anderer Vorteil dieses Trainingsprogramms liegt darin, dass sowohl der es ausüben kann, der wenig oder gar keine physische Kondition hat, als auch der Athlet mit guter Kondition, denn es schafft ein dynamisches Arbeitsumfeld für alle.

Das RONY SYSTEM® ist gekennzeichnet durch seine Ähnlichkeit mit den Bewegungen in Alltagssituationen. Und es gründet sich auf das Prinzip der besonderen menschlichen Bewegungen bei den jeweiligen Sportarten oder Aktivitäten.

Arbeitsangebot

Die Situationen, vor die uns die Routinen des täglichen Lebens stellen, verlangen oft Bewegungen, bei denen verschiedene Muskelgruppen gleichzeitig arbeiten.

Das Programm RONY SYSTEM® wurde geplant, um die Effizienz der physiologischen Mechanismen und Systeme zu maximieren. Dadurch verbessert es beim Einzelnen die Leistungsfähigkeit, Haltung und das Gleichgewicht.

Solche gemeinsamen und simultanen Muskeltätigkeiten soll das Programm RONY SYSTEM® fördern und eine Zusammenarbeit des ganzen Körpers ermöglichen. Somit hat es drei Hauptgrundlagen:

1. Die allmähliche neuromuskuläre Anpassung durch die funktionellen Übungen mit dem eigenen Körpergewicht an der „Anlage RONY SYSTEM®".

2. Die Fähigkeit des Körperzentrums entwickeln, um der Wirbelsäule und damit dem Unter- und dem Oberkörper Stabilität zu verleihen.

3. Die Selbstwahrnehmung fördern, um dadurch die Reaktionen auf die Widrigkeiten zu verbessern und das Körperbewusstsein und die motorische Koordination zu stimulieren.

Propriozeptives System oder Propriozeption

Das menschliche Wesen kann im physischen Bereich Wirklichkeit wahrnehmen, das heißt, es nimmt die Welt um sich herum wahr durch seine fünf Hauptsinne: Sehen, Hören, Tasten, Riechen und Schmecken. Es gibt jedoch auch noch den sogenannten „somatischen Sinn", der sensorische Informationen wahrnimmt, und zwar solche wie Schmerz, innere Temperatur und die Position des Leibes im Raum. Er sendet diese Informationen zum Zentralnervensystem (ZNS). Dieses gehorcht den Befehlen und führt die befohlenen Bewegungen aus. Dieser Sinn wird das propriozeptive System oder die „Propriozeption" genannt, die aus statischen und dynamischen Faktoren zusammengesetzt ist.

Die statischen Faktoren ermöglichen es, dass sich eine Körperregion seiner Position zu einer anderen Region bewusst wird. Die dynamischen Faktoren senden dem neuromuskulären System Informationen über Häufigkeit und Richtung der Bewegungen. Obwohl es verschiedene Definitionen der Propriozeption gibt, kann dieser Ausdruck zusammengefasst werden als „die

Sinne der Artikulation" oder als „der Prozess, durch den der Leib während seiner Bewegungen Stabilität und Orientierung im Raum beibehält".

Weil das Programm RONY SYSTEM® den menschlichen Leib in einer ganzheitlichen Weise ausarbeitet, ermöglicht es dem propriozeptiven System, sich in einer vollen und intensiven Weise zu entwickeln. Dazu hilft es auch allen anderen physiologischen Systemen, die am Training beteiligt sind, sich zu entwickeln und ihre Funktion aufrechtzuerhalten.

Körperbewusstsein

Durch bewusste Situationen der Instabilität aktivieren wir freiwillig den propriozeptiven Mechanismus, zum Beispiel beim funktionellen physischen Training oder bei irgendeiner Sportart oder physischen Aktivität.

Treten auf der anderen Seite Situationen der Instabilität ein, bei denen die Integrität der Gelenke und Muskelbänder in Gefahr gebracht werden, aktiviert dies unfreiwillig den propriozeptiven Mechanismus in Form von unbewussten Reflexen, um die Gelenke vor möglichen Schäden zu schützen, zum Beispiel, wenn wir in ein Loch treten oder über etwas stolpern.

In diesem Augenblick werden schnell verschiedene Muskelgruppen aktiviert, um Verletzungen im Muskelskelettsystem zu verhindern und die Integrität des Leibes zu wahren.

Die Übungen des Programms RONY SYSTEM® beanspruchen simultan verschiedene Muskelgruppen, die auch Muskelketten genannt werden. Dies bereitet die Praktizierenden vor für Situationen des Alltags und auch der verschiedenen Sportarten, seien sie zum Vergnügen oder zum Wettkampf.

Bei diesem Trainingsprogramm werden bestimmte Übungen sehr langsam ausgeführt, damit das Körperbewusstsein bei den Bewegungen entwickelt wird, und andere Übungen wiederum werden sehr schnell und plötzlich ausgeführt, damit unbewusste Reaktionen oder automatische Reflexe provoziert werden.

Vielfältiger Nutzen

Das Programm RONY SYSTEM® bietet einen vielfältigen Nutzen für Körper und Geist wie (unter anderem):

1. Die Entwicklung der Propriozeption, das heißt, der Raum-Zeit-Wahrnehmung und des Körperbewusstseins.

2. Die Zunahme des statischen und dynamischen Muskel-Gelenk-Gleichgewichts.

3. Die Rehabilitation und Vorbeugung von Verletzungen.

4. Das Abnehmen und zugleich die Zunahme der fettfreien Masse.

5. Die Regulierung des arteriellen Drucks und die Verringerung von Hypertonie.

6. Die Verringerung von Diabetes und der mit ihm verbundenen Krankheiten.

7. Die Korrektur der Haltung und eine Erleichterung bei Rückenschmerzen.

8. Die Zunahme der Knochenmineraldichte (BMD) und die Vorbeugung von Osteoporose.

9. Die Zunahme von Geschwindigkeit der Bewegungen und der sensomotorischen Reflexe.

10. Die Zunahme der Muskelkraft und der motorischen Koordination (Psychomotorik).

11. Die Verbesserung der zentralen (kardiorespiratorischen) und peripheren (muskulären) Widerstandskraft.

12. Die Steigerung der Muskelflexibilität und der Dehnbarkeit.

13. Die Steigerung der allgemeinen Effizienz von Bewegungen und athletischer Leistungsfähigkeit.

14. Die Erhöhung des Selbstwertgefühls und des Selbstbildes.

15. Die Verringerung von Angst und Depression.

KAPITEL 19

DIE ZUKUNFT VON „GESUNDHEIT, FITNESS & BUSINESS"

Willkommen bei einer neuen Realität, dem Bedürfnis nach den besten Dienstleistungen und Einrichtungen für eine Öffentlichkeit, die immer besser informiert ist. Infolge beständiger Informationszunahme werden sich die Menschen immer bewusster, wie nötig und nützlich gesunde Gewohnheiten sind.

Jedes Jahr entstehen neue Gelegenheiten, und der Arbeitsmarkt im Bereich von „Gesundheit, Fitness & Business" expandiert immer weiter. Dadurch werden hoch qualifizierte Fachkräfte nötig, damit die unzähligen Patienten und Kunden betreut werden können.

Je mehr Einrichtungen es auf diesem Gebiet gibt, desto mehr wird der Wettstreit um neue Kunden ausgefochten. Firmen und qualifizierte Fachkräfte werden jedoch immer ihren Platz auf dem Arbeitsmarkt haben, weil die Nachfrage in der modernen Gesellschaft beständig wächst.

Die Unternehmen sollten sich nahe beim Wohnort ihrer Kunden befinden, denn immer mehr wird der Standort dieser Einrichtungen ausschlaggebend sein zum Zeitpunkt des Vertragsabschlusses. Weil die täglichen Aufgaben immer mehr zunehmen und es dadurch immer nötiger wird, seine Zeit zu optimieren, braucht der Kunde eine Klinik, Akademie, einen Klub oder Fitnesscenter nahe seinem Wohnort oder Arbeitsplatz.

Die Firmen spezialisieren sich auch immer mehr in Marktlücken im Hinblick auf das Alter der Praktizierenden. Auf der einen Seite steht da die Gruppe der Erwachsenen und älteren Menschen, auf der anderen Seite die Gruppe der Kinder und Heranwachsenden. Das Bild der Zukunft sind ganze Familien in „Fitness-Centern", die sich in ihren Wohnanlagen oder Wohnvierteln befinden.

Tendenzen

Die Einrichtungen in den Bereichen von „Gesundheit, Fitness & Business" müssen darauf vorbereitet sein, dass sie ihre Dienstleistungen Kunden anbieten, die immer aufgeklärter sind. Weil die Informatik, das Internet,

Fernsehen und die sozialen Netze und Vernetzungen sich immer weiter entwickeln, werden die Kunden immer anspruchsvoller im Hinblick auf ihr Wohlbefinden und den Nutzen von Produkten und Dienstleistungen.

Damit die einzelnen Firmen sich von anderen Einrichtungen abheben, müssen sie die Erhabenheit in der Bedienung immer mehr von ihrer persönlichen Sichtweise befreien und entschlossen ihren Platz oder „Marktanteil" im Arbeitsmarkt erobern und festigen. Es werden immer mehr Software, Hilfsprogramme und Anwendungen entwickelt werden, um die Kunden zu beraten und Praktizierende von bestimmten Aktivitäten zu vereinen, damit sie gut informiert und online miteinander in Kontakt bleiben.

Diese Tendenz wird darauf hinauslaufen, dass Besprechungen in den Gebieten Gesundheit und physische Kondition immer holistischer (d.h. „ganzheitlicher") sein werden, gerichtet an die psychologische und physiologische Entwicklung oder die Entwicklung von Leib, Verstand und Geist des menschlichen Wesens. Die Fachkräfte werden immer geschickter, besser vorbereitet und ausgebildet sein müssen auf einem Markt, bei dem die Gesundheitsindustrie immer wissenschaftlicher wird, als sie es schon ist. Menge und Qualität der Produkte und Dienstleistungen werden zunehmen, und neue Standards vorzüglicher Bedienung werden entstehen.

Gesellschaften von Lebens- und Krankenversicherungen

Gesellschaften von Lebens- und Krankenversicherungen spornen ihre Versicherten und Nutznießer schon dazu an, dass sie physische Aktivitäten ausüben und gesunde Gewohnheiten annehmen. Ansteigende Kosten bei der Gesundheitsfürsorge bringen die Gesellschaften dazu, mehr Anreize zu bieten für Programme physischer Übungen, um dadurch vielfachen Komplikationen vorzubeugen.

Kunden werden schon ermutigt und belohnt von den Gesellschaften der Lebens- und Krankenversicherungen, damit sie ihre Gewohnheiten und ihren Lebensstil ändern und bei ihren täglichen Routinen die Verbesserung ihrer physischen Kondition und Lebensqualität einbeziehen. Als Folge davon zeigt sich schon eine bedeutende Abnahme an Sprechstunden beim Arzt, Untersuchungen, Krankenhauseinweisungen, Operationen, Behandlungen, usw.

Krankenversicherungen bieten schon Rabatte bei den Monatsbeiträgen und Belohnungen an als Anreiz für ihre Versicherten, damit sie ihr Körpergewicht reduzieren und gesunde Gewohnheiten annehmen. Diese Programme werden immer mehr zugeschnitten auf die Vorbeugung von Fettleibigkeit und den mit ihr verbundenen Krankheiten wie Diabetes und Hypertonie.

Nachforschungen haben gezeigt, dass für jedes Prozent weniger an Körpergewicht, arteriellem Druck und Blutzuckergehalt 80 bis 100 Dollar an Ausgaben für Ärzte eingespart werden. Alle gewinnen mit diesem Vorsorgeprogramm: die Bevölkerung, weil sie weniger krank wird, und das Gesundheitssystem, weil es seine Kosten und Ausgaben reduzieren kann.

Die beste Investition

Die beste Krankenversicherung, die es gibt, ist die Investition in ein gutes Programm zur Verbesserung der physischen Kondition und in eine korrekte Ernährungsberatung, denn es ist weiser, Geld und Zeit in die Gesundheit zu investieren, als in die Krankheit.

Mit diesem Buch möchte ich zum Nachdenken anregen über den psychologischen, physiologischen und geistigen Nutzen einer Investition in die Gesundheit und über deren Kosten-Nutzen-Verhältnis und deren sozialen und finanziellen Ausgleich. Diese Hinweise motivieren dazu, Programme physischer Aktivität einzuführen, die auf das Wohl der Bevölkerungen ausgerichtet sind.

Investitionen in die Gesundheit gehen über gesunde Gewohnheiten hinaus. Es sind Haltungen, die sich gründen auf bestimmte Mechanismen wie die Veränderung von Verhaltensweisen durch Erziehung. Es handelt sich um eine vorbeugende Investition, durch die man seine Lebensqualität fördert und die Ausgaben für Krankheiten und die mit ihnen verbundene geringere Produktivität verringert.

Präventive Investitionen in die Gesundheit helfen, Stress zu verwalten und das allgemeine Wohlbefinden zu fördern. Dadurch werden zwischenmenschliche Beziehungen, das gesellschaftliche Zusammenleben und die Toleranz unter den Menschen besser.

Meiner Ansicht nach sind das keine Tendenzen für die ferne Zukunft. In Wahrheit geschieht es schon, das heißt, die Zukunft ist hier und jetzt.

Mary Kay Ash, Eigentümerin und Gründerin des Kosmetikunternehmens „Mary Kay", erwählt von der „Baylor University" zur größten Unternehmerin der Geschichte, sagte: *„Gott nahm sich keine Zeit, einen Niemand zu schaffen, sondern Er schuf einen Jemand."*

KAPITEL 20

MASTERARBEIT (DISSERTATION)

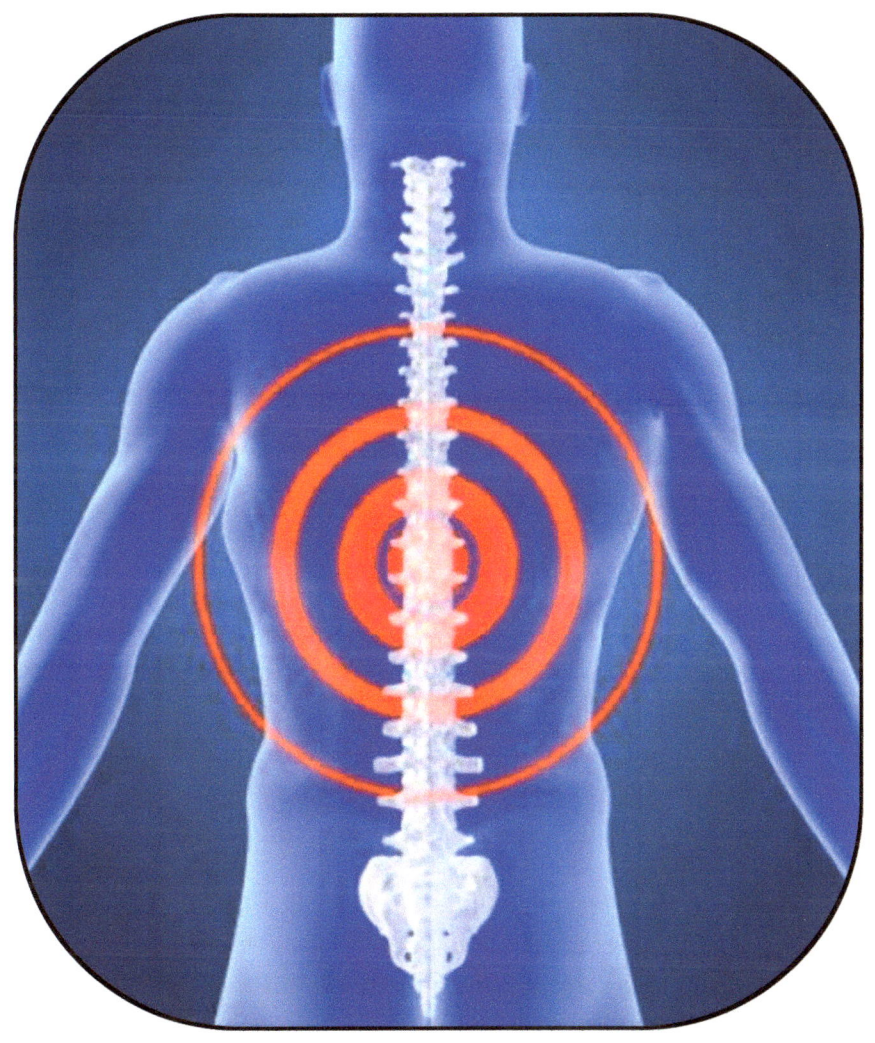

Ziel

Die vorliegende Studie ist eine Nachforschung mit Rückblick auf einen fortlaufenden Zeitabschnitt. Durch diese Studie sollte herausgefunden werden, welche Wechselbeziehung besteht zwischen dem Gesundheitsstadium der Wirbelsäule und der Ausübung des personalisierten funktionellen physischen Trainingsprogramms RONY SYSTEM®. Untersucht wurde ein Zeitraum von 10 Jahren, das heißt, seit der Schaffung dieses Programms im Jahr 2005 bis ins Jahr 2015. Dazu wurden Menschen beider Geschlechter und aus verschiedenen Altersgruppen herangezogen.

Es gibt unzählige Definitionen von „Körperhaltung". Wichtigste Tatsache ist jedoch, dass die Körperhaltung nicht etwas Statisches ist, sondern etwas Dynamisches als ein Teil des menschlichen Leibes, der sich beständig anpasst als Reaktion auf die empfangenen Reize. Die Körperhaltung spiegelt das Umfeld wieder, mit dem der Einzelne interagiert.

In welcher Beziehung der Einzelne mit seinem eigenen Leib steht und welche Körperhaltung er in den jeweiligen Situationen annimmt, hängt ab von seinem Selbstbild und Selbstwertgefühl, das er von sich selbst und gegenüber sich selbst hat. Die Körperhaltung des menschlichen Wesens hängt in erster Linie ab von seiner Gesundheit, seiner physischen Kondition und seiner Gefühlslage.

Schlechte Haltungsgewohnheiten sind oft eine Nachahmung falscher Körperhaltungen. Daher reicht es theoretisch nicht aus, bloß eine korrekte Haltung zu lehren. Vielmehr ist eine Veränderung der Gewohnheiten notwendig durch eine Veränderung des Lebensstils.

Evolution der Körperhaltung

Eines der großen Ereignisse in der menschlichen Evolution war die Errungenschaft der aufrechten Haltung, und die psychologische und physiologische Entwicklung war eine Konsequenz in diesem Entwicklungsprozess.

Die aufrechte Haltung des menschlichen Leibes war ein langfristiger Prozess, und für eine lange Zeit bewegte der Mensch sich fort, indem er sich gleichzeitig auf Hände und Füße stützte.

Mit der Errungenschaft der aufrechten Haltung gab es einige Veränderungen im menschlichen Leib. Auch der Schwerpunkt veränderte sich dabei, indem er nach unten verlagert wurde.

Die Bequemlichkeiten des modernen Lebensstils und des technischen Fortschritts haben das menschliche Wesen bedeutend verändert in seinem täglichen Verhalten und zu einem extrem sesshaften Lebensstil geführt, bei dem es einen großen Teil des Tages sitzt und inaktiv bleibt.

Der physiologische Stoffwechselprozess hat sich schnell an diese neuen Veränderungen angepasst und spiegelt dies wieder durch Auswirkungen in der Körperstruktur. Am meisten betroffen von dieser Überlastung ist die Wirbelsäule, die Stütze des menschlichen Leibes. Dies führt zunehmend zu Haltungsproblemen bei der Weltbevölkerung, sowohl bei Erwachsenen als auch bei Kindern.

Arten der Fehlhaltungen

Die Wirbelsäule oder das Rückgrat besteht beim menschlichen Wesen aus insgesamt 33 Wirbeln: aus 7 Halswirbeln, 12 Brustwirbeln, 5 Lendenwirbeln, 5 Kreuzbeinwirbeln und 4 Wirbeln im Bereich des Steißbeins.

Die häufigsten Fehlhaltungen dieser Wirbelstruktur sind die „Skoliose", „Kyphose" und „Lordose", wobei es entscheidend wichtig ist, dass sie von Kindheit an diagnostiziert, korrigiert und vorbeugend instand gehalten wird.

Die Skoliose ist eine Seitwärts-Abweichung, bei der die Wirbelsäule die Form eines S oder eines C annimmt und dadurch die Schultern und das Becken aus der Waage bringt, was zu einer einseitigen Überlastung des Leibes führt und dem Anschein nach die Verkürzung eines Beins verursacht, weshalb der Patient oft eine Einlegesohle in den Schuhen gebrauchen muss.

Die Kyphose ist eine Vor-Rück-Abweichung, welche die Krümmung der Wirbelsäule im Brustwirbelbereich nach vorne betont, was beim Einzelnen zur Haltung eines Buckligen führt. Auch eine Abflachung der Wirbel infolge der Schwerkraft kann diese Fehlhaltung verursachen.

Die Lordose ist die am meisten verbreitete Pathologie der Wirbelsäule, die ebenso eine Vor-Rück-Abweichung ist, jedoch im Lendenwirbelbereich und deshalb von einem starken Schmerz in der Beckengegend begleitet wird. Dieser Schmerz ist auch bekannt als Lumbago („Hexenschuss"). Er wirft den Unterleib nach vorne, wodurch das sogenannte Hohlkreuz entsteht.

Bandscheibenvorfall

Zwischen den Wirbelkörpern gibt es die sogenannten Bandscheiben, die einen Wirbel vom anderen trennen. Die Bandscheiben sind eine Art gallertartiger Scheiben, die wie ein Stoßdämpfer wirken und den Stoß der Bewegungen abdämpfen und auch verhindern, dass ein Wirbel am anderen reibt.

Beim Bandscheibenvorfall wird das Innere dieser Scheibe oder der „pulpenartige Kern" über seine normalen Grenzen hinaus gedrückt nach vorne oder in den äußeren Rand der Scheibe, den „Faser-Ring". Ein „Bandscheibenvorfall" kann an jeder beliebigen Stelle der Wirbelsäule auftreten, jedoch geschieht er im Allgemeinen im vorderen oder seitlichen Bereich der Wirbelsäule.

Bandscheibenvorfälle werden verursacht dadurch, dass diese Scheiben zwischen den Wirbeln abflachen und dabei die Verästelungen des zentralen Nervensystems verletzten. Diese Verästelungen breiten sich aus vom Rückenmark bis zu den Extremitäten des Leibes. Unter anderem können Traumas, Stürze, Autounfälle, Anstrengungen beim Heben, schlechte Gewohnheiten und Sesshaftigkeit die Bandscheiben beschädigen, wobei die Nervenwurzeln zusammengedrückt werden.

In vielen Fällen können die Bandscheibenvorfälle allein durch ein besonderes physisches Training gelöst werden, ohne dass eine Operation notwendig wird. Dies muss jedoch durch einen Mediziner eingeschätzt und diagnostiziert werden, damit die korrekte Behandlung verschrieben werden kann, je nach Schwere des Falls.

Wie diese Nachforschung eingestuft werden kann

Diese Nachforschung wird charakteristisch eingestuft als ein „Langzeit-Rückblick" in Form eines „experimentellen Studiums". Sie soll herausfinden, wie sich das Programm RONY SYSTEM® ausgewirkt hat bei seinen Praktizierenden im Verlauf von 10 Jahren von 2005 bis 2015.

Diese Nachforschung soll herausfinden, welche Wechselbeziehung besteht zwischen Variablen, die auf den Vergleich zwischen Gruppen basieren. Die erste Gruppe setzt sich zusammen aus Personen, die das Trainingsprogramm praktizierten und bestimmte Fehlhaltungen zeigten mit den jeweils mit ihnen verbundenen physiologischen Fehlfunktionen, die bei der Nachforschung besonders betrachtet werden. Die zweite Gruppe ist der Ersten sehr ähnlich mit der Ausnahme, dass sie als Kontrollgruppe dient und nicht die Trainings praktiziert hat.

Die Stichprobe, die analysiert wurde, bestand aus 1000 Einzelpersonen, die zufällig ausgewählt wurden:

* 500 Männer, von denen 250 das Programm RONY SYSTEM® praktizieren und 250 nicht.

* 500 Frauen, von denen ebenso 250 das Programm RONY SYSTEM® praktizieren und 250 nicht.

Das Programm RONY SYSTEM® wurde in einem Zeitraum von 10 Jahren verabreicht in Zeitabschnitten oder Zyklen von 3 bis 12 Monaten, durchschnittlich 2 Tage pro Woche zwischen 15 und 45 Minuten pro Tag. Beurteilungen und Tests wurden zu Beginn und am Ende der Programmzyklen durchgeführt und dabei die Verfassung der Teilnehmer vor und nach den Trainings verglichen.

Ergebnisse und Schlussfolgerung

Die Ergebnisse zeigen, wie sich das Befinden und die Lebensqualität in den Tagen nach den Trainings verbessern.

Beim psychologischen Aspekt wurde beobachtet, wie das Selbstwertgefühl und das Selbstbild bei den Praktizierenden zunahmen und die Niveaus an Stress, Angst und Depression abnahmen, sowohl im beruflichen als auch im gesellschaftlichen Umfeld.

Beim physiologischen Aspekt wurde beobachtet, wie sich der allgemeine Gesundheitszustand bei den Praktizierenden deutlich verbesserte und als Folge davon die Haltung und Ästhetik des Leibes sich deutlich verbesserte.

Beim Aspekt der Durchführung, Leistungsfähigkeit und physischen Kondition wurde beobachtet, wie sich bei den Praktizierenden die Gewandtheit und Beweglichkeit der Gelenke deutlich verbesserte neben den physischen Qualitäten wie Kraft, Biegsamkeit, Ausdauer und Geschwindigkeit der Muskel.

Die Ergebnisse lassen darauf schließen, dass das Programm personalisierten funktionellen physischen Trainings, das in diesem Buch vorgeschlagen wird, eine Lösung darstellt für die Gesellschaft im Allgemeinen und auch für den öffentlichen und privaten Unternehmer. Es verbessert beim Einzelnen die Produktivität und die Lebensqualität, sowohl bei seinen täglichen Arbeitsroutinen als auch bei seinem Leben in der Gesellschaft.

Sei auch du ein Praktizierender und ein Franchisenehmer des RONY SYSTEM®!

QUELLENVERZEICHNIS

1. Modernisierung des Managements im brasilianischen Fußball / Carravetta, Elio – 2006 (portugiesisch)
2. Das Universum in der Nussschale / Hawking, Stephen – 2004 (deutsch)
3. Handbuch der Psychologie von Sport & Übungen / Becker Junior, Benno – 2000 (portugiesisch)
4. Die Prinzipien der Psychologie / James, William – 1890 (englisch)
5. Den Entwicklungsmotor verstehen / Gallahue, David L; Osmun, John C; D Goodway, Jacqueline – 2001 (englisch)
6. Der beste Verkäufer der Welt / Mandino, Og – 1995 (deutsch)
7. Die Olympischen Spiele im antiken Griechenland / Cabral, Luiz Alberto Machado – 2004 (portugiesisch)
8. Griechische Erziehung und die Olympischen Spiele / Garcia, Alessandro Barreta – 2012 (portugiesisch)
9. Core & Training, Pilates, Vibrationsplattform, Funktionelles Training / Gil. Ana – 2014 (portugiesisch)
10. Funktionelles Training – Eine praktische Abhandlung / Guerrini Monteiro, Artur; Evangelista, Alexandre Lopes – 2015 (portugiesisch)
11. Vollständiger Leitfaden des Funktionellen Trainings / D'Elia, Luciano – 2013 (portugiesisch)
12. Biomechanik im Sport – Leistungsfähigkeit beim Sport und Vorbeugung von Verletzungen / Zatsiorsky, Vladimir M. – 2000 (englisch)
13. Biomechanische Grundlagen der menschlichen Bewegung / Hamill, Joseph; Knutzen, Kathleen M. – 1995 (englisch)
14. Grundlagen der Biomechanik – Muskel, Skelett und Orthopädie / Fonseca, Fernando – 2011 (portugiesisch)
15. Biomechanik des Sports und seiner Übungen / Ginnis, Peter M. – 2015 (portugiesisch)
16. Altershemmung – Schönheit und Jugend in jedem Alter / Souza, Alexandre de – 2010 (portugiesisch)
17. Die Top 101 Lebensmittel, die das Alter bekämpfen / Geary, Mike; Ebeling, Catherine – 2017 (deutsch)
18. Die altershemmende Kraft der orthomolekularen Ernährung / Signorini,

Sérgio; Signorini, José L. – 1997 (portugiesisch)

19. Antioxidantien – Prinzipien und Methoden der Analyse / Boroski, Marcela; Visentainer, Jesuí Vergílio; Cottica, Solange Maria; Morais, Damila Rodrigues De Morais – 2015 (portugiesisch)

20. Gute, schlechte und natürliche freie Radikale / Ohara, Augusto – 2006 (portugiesisch)

21. Oxidativer Stress und neurodegenerative Krankheiten / Qureshi, G. Ali; Parvez, S. Hassan – 2007 (englisch)

22. Grundlagen der Biochemie – Einleitung in die Biochemie der Hormone; Blut, Harnsystem, Verdauungs- und Absorptionsprozesse und Mikronährstoffe / Maria, Carlos Alberto Bastos de – 2000 (portugiesisch)

23. Gleichgewicht der Hormone und Lebensqualität – Stress, Wohlbefinden, Ernährung und Altern / Klepacz, Sergio – 2008 (portugiesisch)

24. Endokrine Physiologie / Molina, Patrícia – 2013 (4. Aufl. englisch)

25. Eine Frage des Gleichgewichts – Die Beziehung zwischen Hormonen, Neurotransmittern und Gefühlen / Klepacz, Sergio – 2006 (portugiesisch)

26. Die Wahrheit über Hormonergänzung / Ribeiro, Lair; Leite, Roberto Cesar; Silva, Maria Lúcia Nogueira da – 2003 (portugiesisch)

27. Wissenschaft der Nahrungsergänzung / Fett, Carlos – 2001 (portugiesisch)

28. Leitfaden von Nahrungsergänzungen für Athleten / Delavier, Frédéric; Gundill, Michael – 2009 (portugiesisch)

29. Epigenetik – Wie die Umwelt unsere Gene formt / Francis, Richard C. – 2012 (englisch)

30. Handbuch der menschlichen Ernährungsbedürfnisse / Weltgesundheitsorganisation „WHO" – 2003 (portugiesisch)

31. Fettleibigkeit / Damaso, Ana – 2003 (portugiesisch)

32. Kalorien – Was du wissen musst, damit du Gewicht verlierst / Benedito Borges – 2015 (portugiesisch)

33. Taoistische Meditation / Cherng, Wu Jyh – 2015 (englisch)

34. Praxis der tibetischen Meditation / Duka, Nick; Luetjohann, Sylvia – 2009 (portugiesisch)

35. Die Meditationsbibel / Gauding, Madonna – 2005 (englisch)

36. Die Chakren Bibel / Mercier, Patricia – 2009 (englisch)

37. Chakren – Energiezentren der Umwandlung / Johari, Harish – 1987 (englisch)

38. Theorie der Chakren / Motoyama, Hiroshi – 1981 (englisch)

39. Die Blaue Zone – 9 Lektionen für Langlebigkeit / Buettner, Dan – 2009 (englisch)

40. Transzendentale Meditation – Eine wissenschaftliche Reise zum Glück, zur Gesundheit und zum Frieden / Wallace, Robert Keith – 2016 (englisch)

41. Liebe, Medizin und Wunder / Siegel, Bernard S. 1989 – (englisch)

42. Vollkommene Gesundheit / Chopra, Deepak – 1990 (englisch)

43. Die heilende Kraft (Quantum healing) / Chopra, Deepak – 1991 (deutsch)

44. Die Antiaging Lösung / Giampapa, Vincent; Zimmerman, Marcia; Pero, Ronald – 2004 (englisch)

45. Sportphysiologie – Ernährung, Energie und menschliche Entwicklung / McArdle, William D; Katch, Frank I; Katch, Victor L. – 1981 (englisch)

46. Sportphysiologie – Theorie und Praxis / Fleck, Steven J; Kraemer, William J. – 2011 (englisch)

47. Funktionelle Diät und ihre Rolle beim Abnehmen / Yin, Julian. 2013 – (portugiesisch)

48. Internationale statistische Klassifizierung von Krankheiten und Gesundheitsproblemen / Weltgesundheitsorganisation (WHO) – 2012 (portugiesisch)

49. Vollständiger Leitfaden zur Fitness und Gesundheit / American College of Sports Medicine (ACSM) – 2011 (englisch)

50. Karriere und Business Leitfaden für Fachkräfte aus dem Bereich der Fitness/ American College of Sports Medicine (ACSM) – 2013 (englisch)

51. Handbuch der Medizin – Hypertonie und Diabetes: Gesundheit des Volkes / Augusto, Rodrigo Souza – 2014 (portuguiesisch)

52. Arterielle Hypertonie – Pathophysiologische Grundlagen und Praxis der Kliniken / Krieger, Eduardo Moacyr – 2013 (portugiesisch)

53. Diabetes, Fettleibigkeit, gesundes Leben, Langlebigkeit / Varella, Drauzio – 2014 (portugiesisch)

54. Handlungsplan für Diabetes / Barnes, Darryl E.; „American College of Sports Medicine" (ACSM) – 2004 (englisch)

55. Rückenschmerzen – Erkenntnis, Vorbeugung und Heilung / „Edição Lebooks" – 2014 (portugiesisch)

56. Handbuch der Wirbelsäule – Mehr als 100 Übungen, damit du ohne Schmerz lebst / Steffenhagen, Maritza Klein – 2003 (portugiesisch)

57. Der Rückenschmerz – Lerne, wie du gut mit deiner Wirbelsäule leben kannst / Agostinho, Gilberto – 2015 (portugiesisch)

58. Verstehe deinen Rückenschmerz / Cailliet, Rene – 2002 (portugiesisch)

59. Alles über Osteoporose / Cembrowicz, Stefan – 2004 (englisch)

60. Osteoporose – Diagnose und Behandlung / Szejnfeld, Vera Lucia – 2000 (portugiesisch)

61. Knochendichtenmessung in der medizinischen Praxis / Anijar, José Ricardo – 2003 (portugiesisch)

62. Allgemeine Verwaltung öffentlicher Ausschreibungen / Rennó, Rodrigo – 2015 (portugiesisch)

63. Kostenvoranschlag bei der Verwaltung von Firmen – Planung und Kontrolle / Sanvicente, Antonio Zoratto – 1995 (portugiesisch)

64. Geschäftsplanung – Strategie für Kleinst- und Kleinunternehmen / Biagio, Luiz Arnaldo; Batocchio, Antonio – 2012 (portugiesisch)

65. Marketingplan für Kleinst- und Kleinunternehmen / Las Casas, Alexandre Luzzi – 2011 (portugiesisch)

66. Die Absicht – Warum sie Mitarbeiter engagiert, starke Marken und mächtige Firmen schafft / Reiman, Joey – 2012 (englisch)

67. Entre Leadership / Ramsey, Dave – 2012 (englisch)

68. Die Gitomer-Verkaufsbibel / Gitomer, Jeffrey – 2016 (deutsch)

69. Die Kunst des Erfolgs / Trump, Donald – 1992 (deutsch)

70. Warum wir wollen, dass du reich bist / Trump, Donald; Kyiosaki, Robert – 2006 (englisch)

71. Die Gabe des Midas / Trump, Donald; Kyiosaki, Robert – 2012 (englisch)

72. Der Minuten Manager / Blanchard, Kenneth; Johnson, Spencer – 2002 (deutsch)

73. Das Harvard-Konzept / Fisher, Roger; Ury, William; Patton, Bruce –

2000 (deutsch)

74. Zum Ja mit Dir selbst gelangen / Ury, William – 1981 (englisch)

75. Wie man Freunde gewinnt: Die Kunst, beliebt und einflussreich zu werden / Carnegie, Dale – 2011 (9. Auflage deutsch; englisches Original von 1936)

76. Denke nach und werde reich / Hill, Napoleon – 2005 (deutsch)

77. Das Ziel: Ein Roman über Prozessoptimierung / Goldratt, Eliyahu M. – 1984 (deutsch)

78. Die Kunst des Krieges / Tzu, Sun – 2008 (deutsch)

79. Erfolg kommt nicht von ungefähr / Ribeiro, Lair – 1996 (englisch)

80. Die Wissenschaft des Reichwerdens / D. Wattles, Wallace – 2008 (deutsch; englisches Original von 1910)

81. Das Master Key System / Haanel, Charles F. – 2008 (deutsch; englisches Original von 1912)

82. Unendlicher Friede: Die Biografie von Morihei Ueshiba, Gründer des Aikido / Ueshiba, Kisshomaru – 2002 (deutsch)

83. Aikido und die Metaphysik des Kampfs / Imoto, Luciano – 2005 (portugiesisch)

84. Das Änigma der physischen Vorbereitung beim Fußball / Carravetta, Elio – 2009 (portugiesisch)

85. Fußball – Die Bildung wettkampftauglicher Mannschaften / Carravetta, Elio – 2012 (portugiesisch)

86. Sport und physische Übungen – Einschätzung und Verschreibung / Kiss, Maria Augusta Peduti Dal´molin – 2003 (portugiesisch)

87. Test und Verschreibung von physischen Übungen / Nieman, David C. – 1999 (englisch)

88. Die Periodisierung beim Sporttraining / Bompa, Tudor – 1999 (englisch)

89. Vorbereitung zum Sport – Grundlagen der allgemeinen Theorie des Sporttrainings / Matveev, Lev Pavlovich – 1997 (portugiesisch)

90. Strategisches Management in der Gesundheit – Betrachtungen und Praktiken für eine vorzügliche Verwaltung / Tajra, Sanmya Feitosa – 2006 (portugiesisch)

91. Techniken zur Organisation der Gesundheit / Tajra, Sanmya Feitosa;

Santos, Samanda Antunes dos – 2003 (portugiesisch)

92. Brasilianisches Franchising – Strategie, Unternehmergeist, Innovation und Internationalisierung / Melo, Pedro Lucas Resende – 2012 (portugiesisch)

93. Marketing für Franchisingbetriebe – Die besten Praktiken für Franchisenehmer / Santini, Denis; Garcia, Filomena – 2011 (portugiesisch)

94. Über den Franchisevertrag / Roque, Sebastião José – 2012 (portugiesisch)

95. Die neuromuskuläre Propriozeption begünstigen – Ein praktisches Handbuch / Pimentel do Rosário, José – 2011 (portugiesisch)

96. PNF in der Praxis: Eine Anleitung in Bildern (Rehabilitation und Prävention) / Adler, Susan S; Beckers, Dominiek; Buck, Math – 2001 (deutsch)

97. Körper-Bewusstsein / Shusterman, Richard – 2008 (englisch)

98. Schreibtischreferenz für Kleinbetriebe / Marks, Gene – 2004 (englisch)

99. Das Geschäft mit dem Sport / Rosner, Scott R; Shropshire, Kenneth L. – 2010 (englisch)

100. Die Sicherheit, das Leben und seine Modernität / Giavarina Marensi, Voltaire – 2011 (portugiesisch)

101. Gesundheitspläne – Vergangenheit und Zukunft / Montone, Januario – 2009 (portugiesisch)

102. Lebensversicherungen und Rentenfonds – Eine Aussicht auf Finanzen und Beteiligung / Quellas, Ana Paula – 2010 (portugiesisch)

103. Globale Umerziehung der Körperhaltung / Souchard, Phillip – 2012 (portugiesisch)

104. Yoga für die Körperhaltung – Die Haltung korrigieren durch die Ausübung von Hatha Yoga / Camargo, Silvio – 2008 (portugiesisch)

105. Klinik der Wirbelsäule / Martins, Délio Eulálio; Puertas, Eduardo Barros; Wajchenberg, Marcelo – 2014 (portugiesisch)

106. Dehnübungen – Anatomie und Physiologie / Junior, Abdallah Achour – 2006 (portugiesisch)

107. Klinische Diagnose der Körperhaltung – Ein praktischer Leitfaden / Santos, Ângela – 2011 (portugiesisch)

108. Körperhaltung und Verbesserung der physischen Kondition / Vanícola,

Maria Claudia; Guida, Sergio – 2014 (portugiesisch)

109. Bandscheibenvorfall und Ischialgie – Vorbeugung, Behandlung, mit ihnen leben / Montenegro, José Helder Lima Verde – 2014 (portugiesisch)

110. Handbuch zur Methodik wissenschaftlicher Forschung / Gonçalves, Hortência de Abreu – 2014 (portugiesisch)

kontakt@ronysystem.de
www.ronysystem.de